Schlemmen im Zeitlupentakt
Die Kunst des langsamen Kochens

Nora Weber

Inhaltsverzeichnis

Einfache Anleitung für Hühner-Tortilla-Suppe 21

Kochmöglichkeiten 21

Crock Pot beladene Kartoffelsuppe 23

Zutaten 23

Richtungen 23

Crock-Pot Cremige Hühner-Maissuppe 25

Zutaten 25

Vorbereitung 26

Thailändische Hühnersuppe aus dem Slow Cooker 27

Zutaten 27

Garnituren 27

Anweisungen 28

REZEPT FÜR CROCKPOT-TOMATEN-BASILIKUM-PARMESAN-SUPPE 29

Zutaten 29

Für die Mehlschwitze 29

Richtungen 30

Italienische vegetarische Bohnensuppe aus dem Slow Cooker 31

Zutaten 31

Anweisungen 31

Crock Pot Käse-Gemüsesuppe 33

Zutaten 33

Zutaten für die Soße 33

Anweisungen 34

Afrikanisch inspirierte vegetarische Crockpot-Suppe mit Erdnussbutter, Chili, braunem Reis und Linsen 35

Zutaten 35

Anweisungen 36

Vom Gefrierschrank zur Crock-Pot-Speck-Linsen-Suppe 37

Zutaten 37

Anweisungen 37

Burrito-Bowl-Suppe 39

Zutaten 39

Anweisungen 39

Crock Pot Französische Zwiebelsuppe 41

Zutaten 41

Anweisungen 41

Vor dem Servieren 42

Crock Pot Truthahn- und Reissuppe 43

Zutaten 43

Anweisungen 44

Ingwer-Hühner-Reis-Suppe 45

Zutaten 45

Anweisungen 45

Slow Cooker Southwest Quinoa Chili 47

Zutaten 47

Anweisungen 48

Cremiger Crock Pot Mac and Cheese 49

Zutaten 49

Anweisungen 49

Gemüsenudeln aus dem Slow Cooker 51

Zutaten 51

Anweisungen 51

Kürbislasagne aus dem Slow Cooker 53

Richtungen 54

Crock Pot-Wurst-Pesto-Nudelrezept 55

Italienische Pasta und Fagioli-Suppe 55

Zutaten 56

Anweisungen 57

Hühnchen-Alfredo-Nudeln mit Brokkoli 58

Zutaten 58

Anweisungen	58
Gebackene Ziti	60
Zutaten	60
Richtungen	60
Würzige Spaghetti aus dem Slow Cooker	62
Zutaten	62
Anweisungen	62
Vegetarisches Chili mit Butternusskürbis	64
Zutaten	64
Anweisungen	64
Quinoa Tex-Mex	66
Zutaten	66
Anweisungen	67
Gemüsecurry mit Kichererbsen	68
Zutaten	68
Zutaten	69
Crockpot-Linsen-Gemüse-Lasagne	70
Zutaten	70
Anweisungen	70
Vegetarisch gefüllte Paprikaschoten im Slow Cooker	72
Die Zutaten	72

Die Richtungen 72

Gersten-Bohnen-Tacos mit Avocado-Chipotle-Creme 74

Zutaten 74

Für die Füllung: 74

Zum Servieren: 75

Anweisungen 75

Crock-Pot-Hühnchen-Enchilada-Dip 76

Zutaten 76

Anweisungen 76

Würziger Crock Pot Lil Smokies 77

Zutaten 77

Anweisungen 77

Rezept für Speck-Jalapeno-Popper-Dip 78

Zutaten 78

Anweisungen 78

Crockpot Bierfleischbällchen 79

Zutaten 79

Anweisungen 79

Honig-Knoblauch-Crockpot-Fleischbällchen 81

Zutaten 81

Anweisungen 81

Hühnchen-Chili-Dip 82

Zutaten 82

Anweisungen 82

Crock Pot Chili Queso Dip 83

Zutaten 83

Anweisungen 83

Gesünderer Reuben-Dip (Vorspeisenrezept für den Ofen, die Mikrowelle oder den Crock Pot) 84

Zutaten 84

Vorbereitung 84

Crock Pot Buffalo Chicken Dip 86

Benötigte Zutaten: 86

Anweisungen 86

Slow Cooker Schokoladen-Lava-Kuchen 87

Zutaten für den Kuchenboden 87

Zutaten für die flüssige Schicht 87

Anweisungen 87

Pfirsichschuster 89

Zutaten 89

Anweisungen 90

apple-Cobbler 91

Zutaten 91

Richtungen 92

Über Nacht Birnen-Cobbler 94

Für die Füllung: 94

Für den Belag: 94

Anweisungen 95

Füllung: 95

Belag: 95

Kokosnusskuchen 96

Zutaten 96

Für Kuchen 96

Zum Garnieren 96

ANWEISUNGEN 97

Um den Kuchen zu backen 97

Zum Belag zubereiten 97

Montieren 97

Zimtschnecken-Fondue 99

Zutaten 99

Anweisungen 99

Kürbis-Karamell-Kuchen 102

Zutaten 102

Anweisungen	102
Schokoladenfondue	104
Zutaten	104
Anweisungen	104
Kürbisreispudding	105
Zutaten	105
Anweisungen	105
Hausgemachte Crockpot-Karamellsauce	106
Zutaten	106
Anweisungen	106
Karamell Äpfel	108
Zutaten	108
Anweisungen	108
Einfaches Crock Pot-Kürbis-Kaffeekuchen-Rezept	109
Zutaten	109
Anweisungen	109
Gebackener Apfel	110
Zutaten	110
Richtungen	110
Im Topf gebackene Birnen mit Ahornstreusel	112
Zutaten	112

Anweisungen 112

Traditionell eingelegte Crockpot-Pulled-Pork-Schulter 114

Zutaten 114

Anweisungen 114

Crockpot- oder Ofenbrathähnchen 116

Zutaten 116

Anweisungen 116

Slow Cooker Tomaten-Basilikum-Hähnchen 117

Zutaten 117

Anweisungen 117

Slow Cooker Chicken Marinara mit Basilikum-Zucchini-Nudeln 118

Zutaten 118

Anweisungen 118

Griechisches Hähnchen-Taco-Fleisch aus dem Slow Cooker mit Avocado-Feta-Dip 120

Anweisungen 121

Langsam gegarter Rinderschmorbraten mit Tomaten und grünen Chilischoten 122

Zutaten 122

Richtungen 123

Crock-Pot- oder Slow-Cooker-Methode 123

Betrunkene kurze Rippchen vom Paläo-Rind 124

Zutaten 124

Richtungen 124

Slow Cooker-Suppe mit geräucherter Wurst und Kartoffeln 125

Zutaten 125

Anweisungen 125

Käseiges mexikanisches Quinoa aus dem Slow Cooker 126

Richtungen 127

Zutaten 127

Gewürzmischung 129

Empfohlene Ausrüstung 130

Richtungen 130

Crock-Pot Spaghetti-Bolognese-Sauce 132

Zutaten 132

Anweisungen 133

Köstliches Crock Pot Beef 134

Zutaten 134

Anweisungen 134

Slow Cooker Schmorbraten mit Schalotten und Babykarotten 135

Zutaten 135

Anweisungen 135

Slow Cooker BBQ Chicken 137

Zutaten 137

Richtungen..137

Tante Beulahs Saucy Chicken im Crockpot...138

Zutaten 138

Anweisungen 138

Ananas-Rindfleisch 140

Zutaten 140

Anweisungen 140

Herzhaftes Schweinefilet im Schongarer..143

Zutaten 143

Anweisungen 143

Cremiges Slow Cooker-Kokos-Curry-Hähnchen 144

Anweisungen 145

Soße zubereiten:..145

Super einfaches Slow Cooker-Hähnchen..146

Zutaten 146

Anweisungen 146

Knoblauchbraten (mit Gras gefüttert) Rinderbraten 148

Zutaten: 148

Richtungen..148

Grünes Tomaten-Curry mit Butterblumenkürbis und Hühnchen im Slow Cooker 150

Zutaten 150

Methode 151

Kohlspaghetti 153

Zutaten 153

Richtungen 153

Slow Cooker Beef Stroganoff 154

Zutaten 154

Anweisungen 154

Slow Cooker Kirsch-Balsamico-Hähnchen 155

Zutaten 155

Anweisungen 155

Slow Cooker-Rindfleisch mit Brennnesseln und Astragalus 157

Zutaten 157

Methode 157

Cremiges Hühnchen 159

Zutaten 159

Anweisungen 159

Griechisches Hähnchen-Taco-Fleisch aus dem Slow Cooker mit Avocado-Feta-Dip 161

Zutaten 161

Anweisungen 162

Wurstgewürz 164

Zutaten 164

Anweisungen 164

Doppelter oder dreifacher Schmorbraten 165

Zutaten 165

Anweisungen 165

Indisches Lammhack-Curry 167

Zutaten 167

Anweisungen 168

Anweisungen 168

Slow Cooker Hähnchen mit Knoblauchbutter und Frischkäsesauce 169

Für das Knoblauchhähnchen 169

Für die Frischkäsesauce 170

Slow Cooker Salsa Chicken (GF) 171

Zutaten 171

Anweisungen 171

Slow Cooker Braten 172

Zutaten 172

Anweisungen 172

Pulled Pork nach indischer Art 173

Zutaten 173

Anweisungen 174

Geschmortes Lammfleisch mit Kräutern der Provence 175

Zutaten 175

Richtungen: 176

Für die Pfannensauce 177

Anweisungen 177

Crockpot Brathähnchen + „gebackene" Süßkartoffeln 179

Zutaten 179

Anweisungen 179

General Tsos langsam gegarte Schweinefleisch-Tacos mit Orangen-Brokkoli-Krautsalat 181

Zutaten 181

Schweinefleisch 181

Krautsalat 182

Anweisungen 182

Sarson ka Saag 183

Zutaten 183

Anweisungen 184

Ananas Pulled Pork 185

Zutaten 185

Anweisungen 185

Hausgemachte Hausmannskost: Crock Pot-Nudelsauce 187

Zutaten 187

Methode 187

Slow Cooker Vindaloo mit Rind, Schwein, Huhn, Ziege oder Lamm 189

Zutaten 189

Anweisungen 190

Paleo Crock Pot Apfelbutter 191

Zutaten: 191

Richtungen 191

Langsam geröstete Weideschweineschulter 192

Zutaten 192

Richtungen 192

Pulled Pork aus dem Slow Cooker 193

Zutaten 193

Anweisungen 193

Ziegencurry 195

Zutaten 195

Später hinzufügen 195

Anweisungen 196

Traditionelles Corned Beef 197

Zutaten 197

Gewürze einlegen 197

Methode 198

Rehhalsbraten im Slowcooker 200

Zutaten 200

Anweisungen 200

Slow Cooker-Kürbis- und Rindfleisch-Masala 201

Anweisungen 201

Würziger indischer Rinderbraten aus dem Slow Cooker 203

Zutaten 203

Anweisungen 204

Hausgemachte Crock Pot Marinara-Sauce 205

Zutaten 205

Anweisungen 205

Slow Cooker BBQ Chicken 207

Zutaten 207

Anweisungen 207

Buffalo Chicken Makkaroni und Käse 208

Zutaten 208

Anweisungen 208

Slow Cooker Rinderhaxen mit Knoblauch und Kräutern 210

Zutaten 210

Anweisungen 210

Slow-Cooker Honig-Senf-Drumsticks..213

Zutaten 213

Anweisungen 213

Sarson ka Saag (Slow Cooker)..214

Zutaten 214

Anweisungen 215

South of the Border Chicken Corn Chowder-Freezer-Rezept...................216

Zutaten 216

Anweisungen 217

Kurze Rippchen mit Knoblauch und Zitrusfrüchten aus dem Slow Cooker mit „Faux"-Ttuccine-Nudeln 218

Zutaten 218

Anweisungen 218

Einfache Anleitung für Hühner-Tortilla-Suppe

1. Stellen Sie den Topf auf höchste Stufe und führen Sie die ersten Schritte durch, während Sie die Zutaten sammeln.
2. Olivenöl auf den Boden des Schmortopfs gießen
3. Gehackten oder halbierten Knoblauch hinzufügen
4. Sobald die Zutaten gesammelt und die Zubereitung abgeschlossen ist, fügen Sie Hühnerbrühe hinzu
5. Hähnchenbrust hineinlegen
6. Dann Dosentomaten und Rotel dazugeben (NICHT ABLASSEN)
7. Salsa und Kreuzkümmel dazugeben
8. Fügen Sie nach Geschmack Meersalz und gemahlenen Pfeffer hinzu oder warten Sie bis zum Ende.
9. Mit gehacktem Koriander belegen (ich habe so viel hineingegeben, dass die Flüssigkeitsoberfläche bedeckt ist)

Kochmöglichkeiten

1. 6–8 Stunden lang auf niedriger Stufe kochen, falls unbeaufsichtigt, für alle Fälle eine zusätzliche Brühe hinzufügen. Herdez Salsa Casera
2. Falls vorhanden, koche ich zwei Stunden lang auf hoher Stufe und stelle dann für die verbleibende Garzeit die niedrige Stufe ein.
3. Ich bevorzuge es, wenn das Hähnchen auseinanderfällt und sich im Grunde selbst zerfetzt.
4. Hähnchen auseinandernehmen oder würfeln und dann wieder in die Suppe geben.

5. Nach Belieben mit Sauerrahm, Tortillastreifen, Monterrey-Jack-Käse, Avocado, schwarzen Oliven und Frühlingszwiebeln servieren.
6. Dies ist ein sehr einfaches und köstliches Rezept für Hühner-Tortilla-Suppe.
7. Sie können gegen Ende auch große Stücke Paprika und Zwiebeln hinzufügen, einfach so, weil es mir gefällt. Ich habe auch Mais, schwarze Bohnen, Zucchini und anderes Gemüse hinzugefügt.
8. Für vegetarische Optionen: Verwenden Sie Gemüsebrühe und lassen Sie Hühnchen und Hühnerbrühe weg und verstärken Sie das Gemüse.
9. Wenn ich Gemüse in der Suppe habe, kann ich selbst den wählerischsten Esser dazu bringen, es zu essen.

Crock Pot beladene Kartoffelsuppe

Zutaten

- 6 Tassen Hühnerbrühe
- 8 Tassen geschälte und gewürfelte Idaho-Backkartoffeln
- 1 mittelgroße gewürfelte Zwiebel
- 1 Teelöffel Salz
- 1 Teelöffel Pfeffer
- 16 Unzen Speck, knusprig gegart und zerbröckelt
- 2 Tassen Milch
- 5 Esslöffel Maisstärke
- 4 Unzen saure Sahne
- 8 Unzen geriebener scharfer Cheddar-Käse
- Frühlingszwiebeln, optional
- extra saure Sahne, optional

Richtungen

1. Kartoffeln schälen, würfeln und gut abspülen.
2. Hühnerbrühe, Zwiebeln, Salz, Pfeffer und Kartoffeln in den Topf geben.
3. 4–8 Stunden lang auf höchster Stufe kochen oder bis die Kartoffeln gabelweich sind.

4. Sobald die Kartoffeln gar sind, die Maisstärke mit der Milch vermischen und unter gutem Rühren in den Schmortopf geben.
5. Als nächstes den Käse, die Sauerrahm und alles bis auf ¼ Tasse zerbröselten Speck in den Topf geben.
6. Eine weitere Stunde kochen lassen oder bis der Käse geschmolzen ist und die Suppe cremig und eingedickt ist.
7. Mit einem Teelöffel Sauerrahm, einer Prise restlichem zerbröckeltem Speck und nach Belieben Frühlingszwiebeln servieren.

Crock-Pot Cremige Hühner-Maissuppe

Geteilt von: Zwei gesunde Küchen

Zutaten

-
- 3 Tassen Magermilch
-
- 1 16-Unzen-Beutel gefrorene Maiskörner
-
- 2 Tassen gefrorene Zwiebelwürfel (siehe Hinweis)
-
- 2 Tassen gefrorene, zerkleinerte Kartoffelrösti (manchmal auch als „Landhausstil" gekennzeichnet)
-
- 2 Dosen (je 14¾ Unzen) cremefarbener Mais
-
- 1 Dose (ca. 14 Unzen) Bio-Pilzcremesuppe (Wir mögen Health Valley Organic – siehe Hinweis)
- ¼ Tasse echte Speckstücke (nicht Bac-Os)
-
- 1 Esslöffel getrocknete Petersilienflocken
-
- 2 Teelöffel koscheres Salz
- ½ Teelöffel Knoblauchsalz

- ¼ Teelöffel schwarzer Pfeffer

-

1 Pfund Hähnchenbrust

-

optional geriebener fettarmer Käse, gehackte frische Petersilie oder Vollkornbrötchen (persönliche Brotschalen) zum Servieren

Vorbereitung

1. Geben Sie alle Zutaten außer Hähnchenbrust in Ihren Slow Cooker und rühren Sie um, um sie gründlich zu vermischen und etwaige Gemüseklumpen aufzulösen.

2. Hähnchenbrust zur Mischung hinzufügen und auf den Boden des Slow Cookers schieben.

3. Auf niedriger Stufe (6–8 Stunden) oder auf hoher Stufe (5 Stunden) garen.

4. Kurz vor dem Servieren das Hähnchen mit zwei Gabeln zerkleinern. Oder nehmen Sie das Huhn aus dem Slow Cooker, legen Sie es auf einen Teller oder ein Schneidebrett, schneiden Sie es in kleine Würfel und geben Sie das Huhn dann wieder in die Suppe im Slow Cooker.

5. Suppe nach Belieben mit Käse oder Petersilie bestreut servieren. Kann in ausgehöhlten Vollkornbrötchen als Brotschalen serviert werden.

Thailändische Hühnersuppe aus dem Slow Cooker

Zutaten

- 2 mittelgroße gelbe Zwiebeln, gehackt
- 6 große Knoblauchzehen, gehackt
- 2 Esslöffel frisch geriebener Ingwer
- 1 Esslöffel Pflanzenöl
- 4 Tassen natriumarme Hühnerbrühe
- 2 (14-Unzen) Dosen Kokosmilch
- 2 Stängel Zitronengras, unten nur 5 Zoll, gequetscht (siehe Bilder oben)
- 2 große Karotten, geschält und in ¼ Zoll dicke Scheiben geschnitten
- 3 Esslöffel Fischsauce, geteilt
- 10 Korianderstiele, mit Bindfaden zusammengebunden
- 1½ Pfund Hähnchenschenkel ohne Knochen und Haut, getrimmt
- 8 Unzen weiße Pilze; gewaschen, geputzt und in dünne Scheiben geschnitten
- 3 Esslöffel Limettensaft
- 1 Esslöffel Zucker
- 1 Esslöffel thailändische rote Currypaste

Garnituren

- frische Korianderblätter
- Frühlingszwiebeln, in dünne Scheiben geschnitten

- Limettenspalten

Anweisungen

1. In einer mittelhitzebeständigen Schüssel Zwiebeln, Knoblauch, Ingwer und Öl in die Mikrowelle geben. Unter gelegentlichem Rühren 5 Minuten kochen lassen, bis die Zwiebeln weich sind.
2. In den Slow Cooker die Brühe, 1 Dose Kokosmilch, Zitronengras, Karotten, 1 Esslöffel Fischsauce und Korianderstiele geben. Rühren Sie kurz um, geben Sie dann das Huhn in den Topf und platzieren Sie es fest. Abdecken und auf niedriger Stufe kochen, bis das Huhn zart ist, etwa 4–6 Stunden.
3. Übertragen Sie das Hähnchen auf ein Schneidebrett und lassen Sie es etwas abkühlen, bevor Sie es mit zwei Gabeln zerkleinern. Lassen Sie die Suppe 5 Minuten ruhen und entfernen Sie dann das Fett von der Oberfläche. Zitronengras und Koriander entfernen und wegwerfen.
4. Die Pilze einrühren, abdecken und auf höchster Stufe 10–15 Minuten garen, bis die Pilze weich sind. Die restliche Dose Kokosmilch in einer kleinen Schüssel etwa 1–2 Minuten lang in der Mikrowelle erhitzen, bis sie warm ist. Geben Sie es zusammen mit den restlichen 2 Esslöffeln Fischsauce, Limettensaft, Zucker und Currypaste in den Topf.
5. Fügen Sie das zerkleinerte Hähnchen hinzu und lassen Sie es etwa 5 Minuten lang erhitzen. Mit Salz und Pfeffer würzen und mit Beilagen servieren.

REZEPT FÜR CROCKPOT-TOMATEN-BASILIKUM-PARMESAN-SUPPE

Zutaten

o 2 15-Unzen-Dosen gewürfelte Tomaten

o 1 10-Unzen-Dose Tomatensauce

ö ¼ Tasse frisches Basilikum, fein gehackt

o 3 Teelöffel gehackter Knoblauch

o 1 Esslöffel Salz

o 1 Teelöffel Pfeffer

o 1 mittelgroße weiße Zwiebel, gewürfelt

o 1 Tasse halb und halb

o 4 Tassen Hühner- oder Gemüsebrühe

o 2 Tassen geriebener Parmesankäse

Für die Mehlschwitze

o 3 Esslöffel Butter

ö ¼ Tasse Mehl

o 1 Tasse Sahne ODER halb und halb

Richtungen

1. Tomaten, Tomatensauce und die nächsten 7 Zutaten (durch die Brühe) in einen Slow Cooker/Crockpot geben.

2. Abdecken und 2 Stunden auf hoher Stufe oder 4–8 Stunden auf niedriger Stufe garen.

3. Etwa 30–40 Minuten vor dem Servieren die Suppe in einen Mixer oder eine Küchenmaschine geben und pürieren, bis eine glatte Masse entsteht, dann zurück in den Topf geben.

4. Bereiten Sie die Mehlschwitze vor. Beginnen Sie damit, die Butter in einem mittelgroßen Topf bei mittlerer Hitze zu schmelzen.

5. Mehl zur geschmolzenen Butter geben und rühren, bis das Mehl verklumpt. Die Sahne (oder die Hälfte und die Hälfte) langsam unterrühren, bis die Mischung eingedickt und glatt ist.

6. Mehlschwitze und Parmesankäse in den Topf geben und umrühren.

7. Weitere 20–30 Minuten kochen lassen, bis der Käse vollständig geschmolzen ist. Vor dem Servieren gut umrühren.

8. Bei Bedarf mit zusätzlichem Basilikum und Parmesankäse belegen.

Italienische vegetarische Bohnensuppe aus dem Slow Cooker

Zutaten

- 1 Pfund trockene Great Northern Beans
- 2 Sellerierippen, fein gehackt
- 1 kleine Zwiebel, fein gehackt
- 3 Karotten, geschält und fein gehackt
- 1 EL. Fenchelsamen
- 2 TL. getrocknete Oreganoblätter
- 2 TL. Knoblauchpulver
- ¼ TL. rote Paprikaflocken
- Salz und Pfeffer nach Geschmack
- 6 EL. fein geriebener Parmesankäse

Anweisungen

1. Bohnen, Sellerie, Zwiebeln, Karotten, Fenchelsamen, Oregano, Knoblauchpulver und rote Paprikaflocken sowie 5 Tassen kaltes Wasser in einem 3-Liter-Slow-Cooker vermischen. 5 Stunden lang auf höchster Stufe kochen, bis die Bohnen weich sind.
2. Bei Bedarf abtropfen lassen, um die Bohnenkochflüssigkeit zu entfernen, die manchmal Gas verursacht. Unabhängig davon, ob Sie die Bohnen abtropfen lassen oder nicht, müssen Sie mehr Flüssigkeit hinzufügen. Fügen Sie so viel

Wasser hinzu, dass die gewünschte Suppendicke erreicht ist (zwischen 2 und 4 Tassen). Mit Salz und Pfeffer abschmecken. In Schüsseln füllen. Belegen Sie jede Portion mit 1 Esslöffel Parmesankäse.

Crock Pot Käse-Gemüsesuppe

Zutaten

- 5 gewürfelte Kartoffeln
- 2 Tassen geschnittene Karotten
- 1 Tasse gewürfelte Zwiebeln
- 2 Tassen gehackter Sellerie
- 2 Tassen gehackter Brokkoli
- 6 Tassen Hühnerbrühe

Zutaten für die Soße

- ½ Tasse Butter
- 1 EL zubereiteter Senf
- ½ Tasse Mehl
- 1 TL Salz
- ½ TL Pfeffer
- 2 Tassen Milch
- 12 Unzen amerikanischer Käse

Anweisungen

1. Gehacktes Gemüse und Hühnerbrühe in den Schmortopf geben und 4–6 Stunden lang auf niedriger Stufe garen, oder bis das Gemüse weich ist.
2. 30 Minuten vor dem Servieren Soße zubereiten: Auf dem Herd Butter schmelzen; Dann Mehl, Senf, Salz und Pfeffer hinzufügen. Rühren, bis alles gut vermischt ist.
3. Langsam Milch hinzufügen und bei mittlerer Hitze kochen, bis die Masse eingedickt ist.
4. Die Sauce zusammen mit dem Käse in den Topf geben. Rühren, bis der Käse geschmolzen und vollständig vermischt ist.

Afrikanisch inspirierte vegetarische Crockpot-Suppe mit Erdnussbutter, Chili, braunem Reis und Linsen

Zutaten

- 1 mittelgroße gelbe Zwiebel, in kleine Stücke gehackt
- 1/4 Tasse geschnittene Frühlingszwiebel
- 2 rote Paprikaschoten, entkernt und in 1/2-Zoll-Stücke gehackt
- 1 T gehackter Knoblauch (hierfür reicht gehackter Knoblauch aus einem Glas)
- 2 14 oz. Dose gewürfelte Tomaten mit Saft (ich mag Bio-Tomaten von Muir Glen)
- 8 Tassen Gemüsebrühe (oder befolgen Sie das Originalrezept und verwenden Sie 4 Tassen Hühnerbrühe und 4 Tassen Rinderbrühe, wenn Sie nicht Wert darauf legen, dass es vegetarisch ist)
- 1 Teelöffel. gemahlener Kreuzkümmel
- 1 T Ancho-Chilipulver (ich habe gemahlenes Ancho-Pulver von Penzeys verwendet)
- 1 Teelöffel. Chilipulver aus New Mexico
- 1 Teelöffel. Aleppo Pfeffer
- (Verwenden Sie eine beliebige Kombination aus Chilipulver oder scharfem rotem Pfeffer, wenn Sie kein Ancho-Chilipulver oder Aleppo-Pfeffer haben.)
- 1/2 Tasse ungekochte braune Linsen
- 1/4 Tasse ungekochter brauner Reis

- 1 Tasse Erdnussbutter (wählen Sie für die South Beach-Diät unbedingt natürliche Erdnussbutter ohne Zuckerzusatz)

Anweisungen

1. Für dieses Rezept habe ich einen 3-Liter-Crockpot verwendet.
2. Zwiebeln, Frühlingszwiebeln, Paprika und Knoblauch hacken und in den Schmortopf geben. Fügen Sie Dosentomaten mit Saft, Hühner- und Rinderbrühe, gemahlenen Kreuzkümmel, Ancho-Chilipulver, New Mexico-Chilipulver, Aleppo-Pfeffer, Linsen und braunen Reis hinzu. Auf hoher Stufe etwa 4 Stunden oder auf niedriger Stufe etwa 8 Stunden garen.
3. Nach 4 Stunden (auf hoher Stufe) bzw. 8 Stunden (auf niedriger Stufe) die Hitze auf eine niedrige Stufe reduzieren und Erdnussbutter einrühren. Noch etwa eine Stunde kochen lassen. (Oder lassen Sie es 30 Minuten auf höchster Stufe, wenn Sie es mit dem Abendessen eilig haben.) Heiß servieren.
4. Diese Suppe lässt sich gut einfrieren.

Vom Gefrierschrank zur Crock-Pot-Speck-Linsen-Suppe

Zutaten

- 5 Scheiben Weidespeck
- 2 Sellerierippen, gewürfelt (ca. 1 Tasse)
- 1 Tasse Karotten, gewürfelt (ca. 1 Tasse)
- 1 Zwiebel, gehackt (ca. 1 Tasse)
- 4 Knoblauchzehen, gehackt
- 4 Blattkohl, in dünne Scheiben geschnitten
- 1 Tasse französische grüne Linsen
- 3-4 Zweige frischer Thymian
- 1 TL Salz (oder nach Geschmack)
- 1-2 TB gemahlener Senf
- 1 TB Apfelessig
- 8 Tassen Hühner- oder Gemüsebrühe

Anweisungen

1. Den Speck auf dem Herd oder im Ofen knusprig kochen. Speck in kleine Stücke schneiden.

2. Linsen abspülen und sortieren. (Mir gefällt diese einfache Erklärung des Sortierens.)

3. Geben Sie alle Zutaten in Ihren Schmortopf und kochen Sie das Ganze 8 Stunden lang oder bis das Gemüse zart ist.

Burrito-Bowl-Suppe

Autor: GO GO GO Gourmet

Zutaten

- 3,5 Pfund Schweineschulter, in 5–6 große Stücke geschnitten
- 1 Zwiebel, in dünne Scheiben geschnitten
- 1 Liter Hühner- oder Gemüsebrühe
- 1 Zweig Thymian
- 1 Dose schwarze Bohnen, abgetropft und abgespült
- 1 Poblano-Paprika, entkernt und der Länge nach in Streifen geschnitten
- 1½ Tassen gefrorener Mais
- 2½ Tassen Reis

Belag: gewürfelte Tomaten, geriebener Käse, Limettenspalten, geschnittene Bananenpaprika, gehackter Koriander, gehackte Frühlingszwiebeln

Anweisungen

1. Erhitzen Sie einen schweren Topf bei mittlerer bis hoher Hitze (oder erhitzen Sie einen Multikocher auf 475). Würzen Sie die Schweinefleischstücke mit Salz und Pfeffer und geben Sie sie dann in den Topf, um sie etwa 5 Minuten pro Seite zu bräunen. Aus dem Topf nehmen und in einen Slow Cooker geben.

2. Die geschnittenen Zwiebeln in den Topf geben und anbraten, bis sie goldbraun und karamellisiert sind. Geben Sie eine kleine Menge Brühe in den Topf, um die Pfanne abzulöschen, und kratzen Sie mit einem Holzlöffel alle braunen Reste vom Boden ab. Die Zwiebeln in den Slow Cooker geben.
3. Legen Sie zwei große Thymianzweige auf das Schweinefleisch und die Zwiebeln und gießen Sie dann die restliche Brühe hinein. 6–7 Stunden auf NIEDRIGER Stufe kochen, bis das Schweinefleisch zart ist und auseinanderfällt.
4. Das Schweinefleisch zerkleinern. Bohnen, Mais, Reis und geschnittene Paprika unterrühren, den Slow Cooker auf HIGH stellen, abdecken und ca. 30–60 Minuten kochen, bis der Reis weich ist.
5. Suppe in Schüsseln füllen. Eine Limettenscheibe darüberpressen, dann mit gewürfelten Tomaten, Käse, Paprika und Koriander belegen und servieren.

Crock Pot Französische Zwiebelsuppe

Zutaten

- 3 EL Butter
- 2 große (Jumbo-)gelbe Zwiebeln, in Ringe geschnitten
- ½ EL weißer Zucker
- ¼ Tasse kochender Sherry
- 6 Tassen natriumreduzierte Rinderbrühe
- ½ TL Gewürzsalz oder nach Geschmack
- ¼ Teelöffel getrockneter Thymian
- französisches Brot
- Geriebener Parmesankäse
- Geriebener Mozzarella-Käse

Anweisungen

1. Butter in einem großen Topf bei mittlerer bis hoher Hitze schmelzen.
2. Sobald sie geschmolzen sind, fügen Sie die Zwiebeln hinzu und kochen Sie die Zwiebeln etwa 10 Minuten lang, bis sie glasig werden.
3. Zwiebeln mit Zucker bestreuen; Hitze auf mittlere Stufe reduzieren.
4. Unter ständigem Rühren kochen, bis die Zwiebeln weich und gebräunt sind.

5. Sherry in die Zwiebelmischung einrühren und den Topfboden abkratzen, um braune Stücke aus dem Topf zu lösen.
6. Die Zwiebelmischung in einen Topf geben und Rinderbrühe hinzufügen.
7. Mit Gewürzsalz abschmecken; Thymian einrühren.
8. Den Topf abdecken und 4 bis 6 Stunden lang auf hoher Stufe oder 8 bis 10 Stunden lang auf niedriger Stufe garen.

Vor dem Servieren

1. Legen Sie eine oder mehrere Scheiben französisches Brot auf die Pfanne und bedecken Sie sie mit geriebenem Käse.
2. Grillen, bis der Käse geschmolzen ist, Blasen bildet und an den Rändern anfängt zu bräunen.
3. Belegen Sie eine Tasse oder Schüssel Suppe mit französischem Käsebrot und servieren Sie es.

Crock Pot Truthahn- und Reissuppe

Zutaten

- 8 Tassen Wasser

- 8 Tassen Truthahn-/Hühnerbrühe

- 2 Hühnerbrühwürfel

- 4 Tassen gekochte Truthahnreste – zerkleinert

- 1 Tasse geriebene Karotten (ich bereite meine vor und friere sie ein, damit ich sie bei Bedarf mitnehmen und hineinwerfen kann)

- 2 EL gehackte getrocknete Zwiebeln

- 2 Tassen gekochter weißer Reis

- Salz und Pfeffer nach Geschmack

- 1 EL gehackter Knoblauch

- 3/4 einer 12-Unzen-Tüte Eiernudeln

Anweisungen

1. Truthahn, Brühe, Wasser, Brühwürfel, Karotten, Salz, Pfeffer, Knoblauch und Zwiebeln in einen Topf geben.

2. 4 Stunden lang auf höchster Stufe kochen, dabei gelegentlich umrühren.

3. Nach ca. 4 Stunden Garzeit die Eiernudeln hineingeben, abdecken und weiterkochen.

4. Reis zubereiten (ich verwende für diesen Schritt meinen Reiskocher, der etwa 40 Minuten kocht. Gerade genug Zeit, um die Nudeln, die Sie gerade zu Ihrer Suppe hinzugefügt haben, weich zu machen)

5. Sobald der Reis fertig ist, in die Suppe geben und umrühren.

6. Ihre Suppe ist jetzt servierfertig.

Ingwer-Hühner-Reis-Suppe

Autor: Liz DellaCroce | Die Zitronenschale

Zutaten

- 8 Tassen Kroger-Hühnerbrühe – natriumarm
- 20 Unzen Kroger-Hähnchenbrust – ohne Knochen und ohne Haut
- 4-Zoll-Stück Ingwerwurzel – in ½-Zoll-Scheiben schneiden
- 4 Teelöffel geröstetes Sesamöl
- 1 Bund Frühlingszwiebeln – in ½-Zoll-Stücke schneiden
- 1 Teelöffel Salz
- ½ Teelöffel Pfeffer
- 1 Sternanis-Schote
- ½ Zimtstange
- 2 Tassen Kroger 90 Second Rice – brauner Vollkornreis
- Koriander zum Servieren

Anweisungen

1. Geben Sie alle Zutaten mit Ausnahme des braunen Reis und des Korianders in den Slow Cooker. 8 Stunden lang auf niedriger Stufe oder 4 Stunden lang auf hoher Stufe garen.
2. Wenn Sie zum Servieren bereit sind, nehmen Sie die gekochten Hähnchenbrüste mit einer Zange aus der Brühe.

In einer Schüssel beiseite stellen und mit zwei Gabeln zerkleinern; beiseite legen.
3. Erhitzen Sie den Kroger 90-Sekunden-Reis gemäß den Packungsanweisungen in der Mikrowelle und verteilen Sie ihn gleichmäßig auf vier Schüsseln. Als nächstes fügen Sie in jede Schüssel zerkleinerte Hähnchenbrust hinzu.
4. Gießen Sie die restliche Slow-Cooker-Brühemischung über ein feines Sieb, das über einem Suppentopf steht. Entsorgen Sie den im Sieb verbliebenen Ingwer, Frühlingszwiebeln und Gewürze.
5. Bedecken Sie jede Schüssel mit Hühnchen und Reis mit einer Schöpfkelle mit der Ingwerbrühe. Zum Servieren mit frischem Koriander garnieren.

Slow Cooker Southwest Quinoa Chili

Zutaten

- Slow Cooker Southwest Quinoa Chili
- 2 Pfund Lean Ground Truthahn
- 1 kleine gelbe Zwiebel, gehackt
- 2 Paprika, gewürfelt (ich habe rote und gelbe verwendet)
- 2 (14,5 oz.) Dosen gewürfelte Tomaten nach mexikanischer Art
- 1 (30 oz.) Dose Chilibohnen, nicht abgetropft
- 1 (26 oz.) Dose Ranch-Bohnen, nicht abgetropft
- 1 (15 oz.) Dose Kidneybohnen, abgetropft und abgespült
- 1 (15 oz.) Dose Pintobohnen, abgetropft und abgespült
- 1 (14,5 oz) Dose Hühnerbrühe
- 2 Tassen ungekochter Quinoa
- 2 Päckchen McCormick Chili-Gewürz (ich habe Smokey BBQ-Geschmack verwendet)
- 1 Esslöffel Chipotle-Paprika in Adobo-Sauce
- Salz und Pfeffer nach Geschmack

Anweisungen

1. In einer Pfanne die Zwiebel und die Paprika 10 Minuten bei mittlerer Hitze anbraten, bis die Zwiebeln glasig sind. Fügen Sie das Putenhackfleisch hinzu. 10 Minuten kochen lassen oder bis das Fleisch vollständig gegart ist.
2. Geben Sie die Zwiebeln, Paprika und das Putenhackfleisch in einen Slow Cooker. Die restlichen Zutaten hinzufügen. Aufsehen. 5–6 Stunden auf niedriger Stufe garen. Mit optionalen Belägen servieren.

Cremiger Crock Pot Mac and Cheese

Zutaten

- 16 Unzen. Box Elbow Makkaroni
- 4 Tassen milder Cheddar-Käse, gerieben
- 2 Tassen scharfer Cheddar-Käse, gerieben
- 16 Unzen. Sauerrahm
- 1 Stück Butter
- 12 Unzen. Kondensmilch
- 1 (10¾ oz.) Dose kondensierte Cheddar-Käsesuppe
- ½ TL. Salz
- ½ TL. schwarzer Pfeffer

Anweisungen

1. Makkaroni 6 Minuten in Wasser kochen. Abgießen und in den Topf geben.
2. In einem großen Topf Butter und 4 Tassen Käse schmelzen. Rühren, bis der Käse schmilzt.
3. Den geschmolzenen Käse, den ungeschmolzenen scharfen Cheddar, saure Sahne, Suppe, Kondensmilch, Salz und Pfeffer in den Topf geben.
4. Rühren, bis alle Zutaten vereint sind.
5. Zwei Stunden lang auf niedriger Stufe kochen, dabei etwa alle 30 Minuten umrühren.

Gemüsenudeln aus dem Slow Cooker

Zutaten

- 2 EL natives Olivenöl extra
- 1 rote Zwiebel, gehackt
- 3 Knoblauchzehen, gehackt
- 1 rote Paprika, gehackt
- 1 grüne Paprika, gehackt
- 1/2 Tasse Crimini-Pilze, in Scheiben geschnitten
- 28 Unzen. Tomatensauce
- 1 t italienisches Gewürz
- Salz und Pfeffer nach Geschmack
- 16 Unzen. Vollkorn-Rotini-Nudeln
- Geriebener Parmesankäse zum Servieren

Anweisungen

1. In einer großen Pfanne Olivenöl bei mittlerer bis hoher Hitze erhitzen. Zwiebeln weich kochen, dann Knoblauch hinzufügen und eine Minute kochen lassen, bis er duftet. Gekochte Zwiebeln und Knoblauch zusammen mit dem restlichen Gemüse, den Tomaten, den italienischen Gewürzen, Salz und Pfeffer in den Slow Cooker geben. 2 Stunden auf hoher Stufe oder 4 Stunden auf niedriger Stufe kochen.

2. Wenn die Soße fast fertig ist, einen großen Topf mit Salzwasser zum Kochen bringen. Nudeln nach Packungsanweisung kochen und dann mit der Soße aus dem Slow Cooker vermischen. Mit geriebenem Parmesankäse servieren.

Kürbislasagne aus dem Slow Cooker

Dieses Lasagne-Rezept hat eine saisonale und gesunde Note und verwendet Kürbis, Vollkornnudeln und eine relativ kleine Menge Mozzarella. Für eine traditionellere Lasagne ersetzen Sie die Kürbis-Salbei-Mischung durch eine 25-Unzen-Lasagne. Glas Ihrer Lieblings-Pastasauce. Weitere Informationen finden Sie in meinem Rezept für Spinatlasagne im Slow Cooker.

Ergibt 4-6 Portionen

- 1 Packung normale Vollkorn-Lasagne-Nudeln (ich habe auch die Variante ohne Kochen im Slow Cooker verwendet und sowohl diese als auch normale Nudeln funktionieren, also verwenden Sie alles, was Sie zur Hand haben)
- 2 10-oz. Packungen gefrorener pürierter Kürbis oder 2 Tassen frischer pürierter Kürbis•
- ½ Teelöffel getrockneter, geriebener Salbei
- 1 15-oz. Behälter mit teilentrahmtem Ricotta-Käse
- ½ Tasse Milch
- ¼ Tasse Parmesan, gerieben
- ¼ – ½ Tasse teilentrahmter Mozzarella, gerieben
- Ein paar Handvoll Spinat (optional)
- Hinweis: Sie müssen kein zusätzliches Wasser hinzufügen. Der Slow Cooker dämpft die Nudeln ganz alleine.

Richtungen

1. In einer Schüssel Kürbis und Salbei vermengen. Mit Salz und Pfeffer abschmecken. In einer anderen Schüssel Ricotta mit Milch und Parmesan vermischen. Mit Salz und Pfeffer abschmecken.

2. Bestreichen Sie die Innenseite eines 5-6 Liter fassenden Slow Cookers mit Antihaftspray. Legen Sie eine Schicht Nudeln auf den Boden (Sie müssen sie zerbrechen, damit sie hineinpassen – machen Sie sich keine Sorgen, wenn Sie kleine Stücke verwenden, um Spalten zu füllen, es kommt ganz gut heraus). Mit der Hälfte der Kürbismischung bedecken und gleichmäßig verteilen.

3. Darauf eine weitere Schicht Nudeln legen, dann eine Schicht Spinat und die Hälfte der Ricotta-Mischung. Wiederholen Sie die Schichten und schließen Sie mit Ricotta ab. Mozzarella darüber streuen. Abdecken und bei niedriger Temperatur 3-4 Stunden kochen lassen (bis die Nudeln weich sind).

• Um frischen Kürbis zu verwenden, schneiden Sie ihn in zwei Hälften, entfernen Sie die Kerne und rösten Sie ihn etwa 45 Minuten lang oder bis er weich ist im 200 °C heißen Ofen. Abkühlen lassen, dann das Fruchtfleisch herauslöffeln und im Mixer oder in der Küchenmaschine pürieren.

Crock Pot-Wurst-Pesto-Nudelrezept

- Wurst-Pesto-Nudeln
- 250g Pkg. gemahlene Wurst, gekocht
- 10-Unzen-Behälter Pesto
- 1 EL gehackter Knoblauch
- 1 Tasse gewürfelte Zwiebel
- 1/2 Tasse gewürfelter Sellerie
- 1/2 Tasse gewürfelte Karotten
- 2 Tassen frischer Spinat
- 14 oz gewürfelte Tomaten aus der Dose {optional}
- vor dem Servieren hinzufügen
- 2 Tassen geriebener Mozzarella-Käse
- 16 Unzen Pkg Rigatoni, gekocht

4-6 Stunden auf niedriger Stufe

Italienische Pasta und Fagioli-Suppe

Vorbereitungszeit 15 Min

Gesamtzeit 15 Min

Diese herzhafte Suppe ist voller Gemüse, Bohnen, Rindfleisch und Nudeln. Es kann im Slowcooker zubereitet werden, sodass Sie nach Hause eine warme, wohltuende Mahlzeit genießen können.

Portionen: 12–14 Portionen

Zutaten

- 2 Pfund Rinderhackfleisch
- 1 Zwiebel, gehackt
- 3 Karotten, gehackt
- 4 Stangen Sellerie, gehackt
- 2 (14,5 Unzen) Dosen kleine Tomatenwürfel, nicht abgetropft
- 1 (15,5 Unzen) Dose schwarze Bohnen, abgetropft und abgespült
- 1 (15,5 Unzen) Dose große Nordbohnen, abgetropft und abgespült
- 32 Unzen Rinderbrühe
- 3 Teelöffel Oregano
- 2 Teelöffel Pfeffer
- 3 Teelöffel Petersilie
- 1 Teelöffel Tabasco-Sauce, optional
- 1 (24 Unzen) Glas Spaghettisauce
- 2 Tassen ungekochte Nudeln mit kleiner Schale

Anweisungen

1. In einer großen Pfanne das Hackfleisch anbraten. Lassen Sie das Fett ab und geben Sie es in einen Slow Cooker.
2. Alle Zutaten bis auf die Nudeln hinzufügen. Kochen Sie die Suppe 7–8 Stunden lang auf niedriger Stufe oder 4–5 Stunden lang auf hoher Stufe. Wenn noch eine Stunde übrig ist, fügen Sie die ungekochten Nudeln hinzu. Sie können die Nudeln auch separat kochen und nach dem Kochen in die Suppe geben.

Hühnchen-Alfredo-Nudeln mit Brokkoli

Zutaten

- 1 Pfund Hähnchenbrust ohne Knochen und ohne Haut
- 2 und 3/4 Tassen Hühnerbrühe, getrennt
- 1 Teelöffel gehackter Knoblauch
- 1/2 Teelöffel Zitronenpfeffergewürz (ich verwende Hühnchengewürz von Mrs. Dash)
- 1/2 Teelöffel frisch gemahlener Pfeffer
- 1 Behälter (14,5 Unzen) Prego Homestyle Alfredo-Sauce oder Prego geröstete Knoblauch-Parmesan-Alfredo-Sauce
- 2 Tassen ungekochte Rigatoni-Nudeln
- 1 Esslöffel Maisstärke + 1 Esslöffel Wasser
- 1 1/2 Tassen gehackter Brokkoli
- 1/4 Tasse frisch geriebener Parmesankäse
- Optional: Salz, rote Pfefferflocken, frisch gehackte Petersilie

Anweisungen

1. Besprühen Sie den Slow Cooker mit Antihaftspray.
2. Die Hähnchenbrüste vom Fett befreien und in große Stücke schneiden. Legen Sie die Hähnchenbruststücke in den Schmortopf und bedecken Sie sie mit 1 Tasse Hühnerbrühe.
3. 5–7 Stunden auf niedriger Stufe oder 3–5 Stunden auf hoher Stufe stehen lassen. Das Huhn sollte vollständig durchgegart sein.

4. Die Hähnchenbrüste abtropfen lassen und im Schmortopf mit zwei Gabeln zerkleinern.
5. Geben Sie die restlichen 1 und 3/4 Tassen Hühnerbrühe, gehackten Knoblauch, Zitronenpfeffergewürz, gemahlenen Pfeffer, ein Glas Alfredo-Sauce und ungekochte Nudeln in den Topf. Gut umrühren.
6. In einer kleinen Tasse Maisstärke und Wasser mit einer Gabel glatt rühren. In die Mischung gießen und umrühren.
7. Den Brokkoli in ziemlich kleine Stücke schneiden. Legen Sie den gehackten Brokkoli gleichmäßig auf die Mischung (nicht unterrühren. Dadurch erhält der Brokkoli durch das Auflegen einen „gedämpften Effekt").
8. Abdecken und auf höchster Stufe 45 Minuten bis eine Stunde kochen lassen oder bis die Nudeln vollständig gar sind und der Brokkoli knusprig und zart ist. (Passen Sie genau auf – jeder Slow Cooker ist anders!! Meiner hat genau 45 Minuten gedauert – die Nudeln waren al dente und der Brokkoli knusprig zart.
9. Nehmen Sie den Deckel ab und rühren Sie den Parmesankäse und alle optionalen Gewürze ein. Im Allgemeinen füge ich mehr Pfeffer, Salz, eine Prise rote Pfefferflocken und frisch gehackte Petersilie hinzu.

Gebackene Ziti

Zutaten

- 2 – 1 Pfund Blöcke Vollmilch-Mozzarella-Käse
- 2 Pfund ungekochte Ziti-Nudeln
- 1 Pfund Hackfleisch
- 1 – 45-Unzen-Glassauce
- 32 Unzen Ricotta-Käse
- 1 Ei, geschlagen
- 1 Esslöffel frische Petersilie
- 1 Teelöffel Salz
- 1 Teelöffel Pfeffer

Richtungen

1. Stellen Sie den Schmortopf auf höchste Stufe und sprühen Sie Kochspray ein oder wischen Sie die Innenseite mit Öl ab.
2. Dies hilft beim Aufräumen.
3. In einem großen Topf das Hackfleisch anbraten.
4. Lassen Sie das Hackfleisch abtropfen und geben Sie es zurück in den Topf. Wenn Sie Zwiebeln oder Paprika hinzufügen möchten, geben Sie diese in die Pfanne und kochen Sie sie mit dem Hackfleisch.

5. Die Soße über das Fleisch gießen und gut vermischen.
6. Den Topf vom Herd nehmen und beiseite stellen.
7. In einer großen Schüssel das Ei verquirlen. Ricotta, Petersilie, Salz und Pfeffer hinzufügen und gut vermischen.
8. Beiseite legen.

Würzige Spaghetti aus dem Slow Cooker

Zutaten

- 1 Pfund 93 % mageres Rinderhackfleisch
- 6 große Tomatenwürfel (oder 2–14 Unzen Dosen gewürfelte Tomaten)
- 1–6 Unzen Dose Tomatenmark
- 1–14 oz Dose Tomatensauce
- 1 Jalapenopfeffer
- 1 Vidalia-Zwiebel, gewürfelt
- 3 Knoblauchzehen, gerieben oder gewürfelt
- 3 EL frisches Basilikum, gehackt
- 2 EL frischer, würziger Oregano, gehackt
- 1½ TL Meersalz
- 8 Kurbeln frische schwarze Pfefferkörner
- 16 Unzen ungekochte Penne-Nudeln (Vollkorn oder glutenfrei)

Anweisungen

1. Alle Gemüse waschen, vorbereiten und hacken
2. Alle Zutaten im Slow Cooker vermischen.
3. Abdecken, auf niedrige Stufe stellen und 8 Stunden lang erhitzen.
4. Nudeln hinzufügen und 30 Minuten auf höchster Stufe köcheln lassen.
5. Mischen und genießen!!

Vegetarisches Chili mit Butternusskürbis

Zutaten

- 1 mittelgroße Zwiebel – gewürfelt
- 1 rote Paprika – entkernt und gewürfelt
- 14 Unzen feuergeröstete Tomatenwürfel
- 14 oz Kidneybohnen – abgetropft und abgespült
- 4 Tassen Butternusskürbis – geschält und gewürfelt
- 2 Tassen Gemüse- oder Hühnerbrühe – natriumarm
- 1 Tasse Mais – frisch oder gefroren
- 3 Knoblauchzehen – gehackt
- 2 Chipotle-Paprika in Adobo – gehackt (entfernen Sie die Kerne, um die Hitze zu reduzieren)
- 2 Esslöffel Kreuzkümmel
- 1 Esslöffel Chilipulver
- 1 Esslöffel geräuchertes Paprikapulver
- 1 Teelöffel Oregano
- Salz und Pfeffer nach Geschmack

Anweisungen

1. Geben Sie alle Zutaten in Ihren Slow Cooker und erhitzen Sie es 4 Stunden lang auf hoher Stufe oder 8 Stunden lang auf niedriger Stufe.

2. Mit Frühlingszwiebeln, griechischem Joghurt, Koriander oder zerstoßenen Tortillachips garnieren.

Quinoa Tex-Mex

Zutaten

- 1 1/2 Tassen Quinoa, gut abgespült
- 1 Dose (15 Unzen) schwarze Bohnen, abgetropft und abgespült
- 1 Dose (14,5 Unzen) gewürfelte Tomaten, nicht abgetropft
- 1 Dose (15,25 Unzen) Mais, abgetropft und abgespült
- 1 Tasse Paprika, gehackt
- 1 Poblano-Chilischote (~3/4 Tasse), gehackt
- 1/2 Teelöffel gehackter Knoblauch
- 1/2 Tasse gelbe Zwiebel, gehackt
- 2 Esslöffel Chilipulver
- 1 1/2 Teelöffel gemahlener Kreuzkümmel
- 3 Tassen Wasser (oder Hühnerbrühe)
- 1/4 Tasse Koriander, gehackt
- 1 Esslöffel frischer Limettensaft
- 2-4 Esslöffel Taco-Gewürz
- 1 1/2 Tassen Mozzarella-Käse, gerieben

Anweisungen

1. Quinoa gut abspülen. Ich spüle meine Quinoa in einem Sieb unter heißem Wasser ab.
2. Geben Sie die gewaschene Quinoa, die abgetropften und abgespülten schwarzen Bohnen, die nicht abgetropften Tomatenwürfel und den abgetropften und abgespülten Mais in den Slow Cooker.
3. Die Gemüsepaprika und die Poblano-Chilischote hacken (bei Bedarf Kerne entfernen). Die gehackten Paprikaschoten, den gehackten Knoblauch und die gehackten Zwiebeln in den Slow Cooker geben. Alles zusammenrühren. Chilipulver, gemahlenen Kreuzkümmel und Wasser hinzufügen. Nochmals umrühren und 3-4 Stunden lang auf höchster Stufe kochen, bis das Wasser vollständig aufgesogen und die Quinoa gar ist.
4. Vom Herd nehmen und gehackten Koriander, frischen Limettensaft, Taco-Gewürz nach Geschmack und nach Wunsch Frühlingszwiebeln unterrühren. Mit Salz und Pfeffer würzen.
5. Den Mozzarella-Käse unterrühren und sofort genießen.

Gemüsecurry mit Kichererbsen

Zutaten

- 4 Tassen Blumenkohl – in Röschen geschnitten
- 2 Tassen Rosenkohl – geviertelt
- 1 Süßkartoffel – geschält und gewürfelt
- 1 rote Paprika – gewürfelt
- 1 mittelgroße Zwiebel – gewürfelt
- 15 Unzen Dose Kichererbsen – abgetropft
- 15-Unzen-Dose Tomatensauce – natriumarm
- ½ Tasse leichte Kokosmilch
- ½ Tasse Hühnerbrühe – natriumarm (oder Gemüsebrühe)
- 1 Esslöffel Kreuzkümmel
- 1 Esslöffel Currypulver
- 1 Esslöffel Kurkuma
- ½ Teelöffel Cayennepfeffer – optional
- ½ Tasse gefrorene grüne Erbsen
- Salz und Pfeffer nach Geschmack
- Naturjoghurt, Koriander, Sriracha und Frühlingszwiebeln – optionale Beilagen

Zutaten

1. Geben Sie Gemüse, Kichererbsen, Tomatensauce, Kokosmilch, Hühnerbrühe und Gewürze in den Slow Cooker und erhitzen Sie es 8 Stunden lang auf niedriger Stufe oder 4 Stunden lang auf hoher Stufe.
2. Vor dem Servieren grüne Erbsen zum Erwärmen unterrühren.
3. Überprüfen Sie die Gewürze und passen Sie sie entsprechend an.
4. Über braunem Reis oder Getreide Ihrer Wahl (oder pur) mit Joghurt, Koriander und Frühlingszwiebeln servieren. Sriracha tut auch nicht weh.

Crockpot-Linsen-Gemüse-Lasagne

Zutaten

- 1 Glas Nudelsauce (24–32 oz)
- 2½ c gekochte Linsen
- 2½ c gemischtes Gemüse (frisch oder gefroren)
- 2 Knoblauchzehen, gehackt
- 1 TL Oregano
- schwarzer Pfeffer, nach Geschmack
- 1 – 16 Unzen Becher teilweise entrahmter Ricotta
- 1 Tasse gefrorener Spinat (aufgetaut und ausgepresst, um Wasser zu entfernen)
- 2 EL Pesto
- 9 Lasagne-Nudeln, ungekocht
- 1 c geriebener fettarmer Mozzarella-Käse

Anweisungen

1. In einer Schüssel Nudelsauce, Gemüse, Linsen, Knoblauch und Oregano vermischen.
2. In einer separaten Schüssel Spinat, Ricotta und Pesto vermischen.
3. Eine dünne Schicht Soße auf den Boden des Schmortopfs geben.
4. Brechen Sie 3 Lasagne-Nudeln, damit sie in den Topf passen.

5. Mit etwas Ricotta-Mischung, Soße und etwas Mozz-Käse belegen.
6. Noch 2 Mal wiederholen.
7. 4 Stunden lang auf niedriger Stufe kochen, bis die Nudeln und das Gemüse die gewünschte Zartheit erreicht haben.

Vegetarisch gefüllte Paprikaschoten im Slow Cooker

Die Zutaten

- 6 Paprika (Farben nach Wahl)
- 1/2 Tasse vorbereitete oder vorgefertigte Nudelsauce
- 1 (15 Unzen) Dose schwarze Bohnen, abgetropft und abgespült
- 1 (8-Unzen) Dose Mais (es gibt ein Bild von einer 16-Unzen-Dose; ich habe nur die Hälfte verwendet)
- 1 kleine Zwiebel, gewürfelt
- 2 Tassen gekochter Langkornreis
- 1/2 Teelöffel geräuchertes Paprikapulver
- 1/4 Teelöffel koscheres Salz
- 1/4 Teelöffel schwarzer Pfeffer
- 1 Tasse geriebener Cheddar-Käse
- 1/3 Tasse Wasser

Die Richtungen

1. Verwenden Sie einen 6-Liter-Slow-Cooker. Schneiden Sie die Oberseite der Paprika ab und entfernen Sie die Kerne und Membranen aus dem Inneren jeder Paprika. In einer Rührschüssel Nudelsauce, Bohnen, Mais, Zwiebeln, Reis, Gewürze und Käse vermischen.

2. Zum Kombinieren gut vermischen. Geben Sie so viel von dieser Mischung wie möglich in jede Ihrer entkernten Paprikaschoten. Legen Sie die Paprika vorsichtig in den Topf. Gießen Sie 1/3 Tasse Wasser um die Paprikaböden herum.
3. Abdecken und 6 bis 8 Stunden auf niedriger Stufe oder 3 bis 4 Stunden auf hoher Stufe garen.
4. Der Pfeffer wird etwas welken, aber noch intakt sein. Entfernen Sie sie vorsichtig mit einem Servierlöffel.

Gersten-Bohnen-Tacos mit Avocado-Chipotle-Creme

Zutaten

Für die Füllung:

- 1 rote Zwiebel, gehackt
- 1 Tasse gefrorener Mais
- 1 Dose schwarze Bohnen, abgetropft und abgespült
- 1 (14 Unzen) Dose feuergeröstete Tomatenwürfel
- 1 Tasse Gerste•
- 2 Tassen natriumarme Gemüsebrühe
- Saft einer halben Limette
- 1 Teelöffel Kreuzkümmel
- ½ Teelöffel geräuchertes Paprikapulver
- ½ Teelöffel Salz
- ½ Teelöffel Knoblauchpulver

Für die Avocado-Chipotle-Creme:

- 1 reife Avocado
- 1 ½ Esslöffel griechischer Naturjoghurt
- 1 Esslöffel halb und halb
- 1 Teelöffel gehackter Chipotle-Pfeffer in Adobo-Sauce
- ⅛ Teelöffel Salz oder mehr nach Geschmack

Zum Servieren:

- Mehl- oder Maistortillas
- gehackter Koriander
- zerbröckelte Feta

Anweisungen

1. Für die Füllung alle Zutaten für die Füllung in einen Schmortopf geben. Gut umrühren, dann abdecken und auf niedriger Stufe 5 bis 6 Stunden kochen lassen. Sie möchten, dass der größte Teil der Flüssigkeit absorbiert wird und die Gerste schön zart und zäh ist.
2. Um die Avocadocreme zuzubereiten, entfernen Sie den Kern von der Avocado und schöpfen Sie das Fruchtfleisch in eine mittelgroße Schüssel. Mit einer Gabel gut zerdrücken. Fügen Sie den griechischen Joghurt, die Hälfte und die Hälfte, gehackte Chipotle und Salz hinzu. Mischen, bis alles gut vermischt ist.
3. Zum Servieren einen Teil der Füllung auf eine Tortilla geben. Mit etwas Avocadocreme, Koriander und Feta belegen.

Crock-Pot-Hühnchen-Enchilada-Dip

Zutaten

- 2 Tassen zerkleinertes gekochtes Hühnchen
- 1 Dose (10 oz) Enchiladasauce
- 1 Dose (7 oz) gehackte grüne Chilis
- 2 Tassen geriebener mexikanischer Mischungskäse

Anweisungen

1. Alle Zutaten in den Slow Cooker geben und 2 Stunden lang auf höchster Stufe oder 4 Stunden lang auf niedriger Stufe kochen.

Würziger Crock Pot Lil Smokies

Zutaten

- Zwei 14 oz. Pakete mit Lil Smokies
- Ein 6 oz. Glas gelber Senf
- Zwei 12 oz. Gläser mit Johannisbeergelee

Anweisungen

1. Geben Sie alle Zutaten in Ihren Schmortopf (oder in einen Topf auf dem Herd, wenn Sie den Schmortopf nicht herausholen möchten) und lassen Sie es auf niedriger Stufe köcheln, wobei Sie gelegentlich umrühren, um Senf und Gelee zu vermischen.
2. Da die Wurst fertig gegart ist, können diese serviert werden, sobald die Wurst heiß ist und die Soße vermischt ist.
3. Ich würde eine doppelte Portion empfehlen, wenn Sie eine Menschenmenge speisen möchten!

Rezept für Speck-Jalapeno-Popper-Dip

Autor: Krystle

Zutaten

- 8 Unzen Frischkäse, weich
- 1 Tasse Cheddar-Käse, gerieben
- 1 Tasse Mozzarella-Käse, gerieben
- 1 Esslöffel Ranch-Gewürzmischung
- 2-4 Jalapenopfeffer, gewürfelt (entkernen)
- ⅓ Tasse knusprig gekochter und zerbröckelter Speck (ein paar Esslöffel zum Garnieren zurückbehalten)
- 2 Tassen Sauerrahm
- 2 Esslöffel Zwiebel, gehackt
- 1 Esslöffel Petersilie

Anweisungen

1. Alle Zutaten verrühren, bis alles gut vermischt ist.
2. Gleichmäßig in einer 9x9 großen Auflaufform verteilen. Mit restlichem Speck belegen.
3. Bei 350 Grad 15–20 Minuten backen oder bis es goldbraun ist.

Crockpot-Bierfleischbällchen

Zutaten

- 2–3 Pfund. gefrorene Fleischbällchen
- 12 Unzen. Bier, Ihre Wahl
- 1 T. Knoblauchpulver
- 1/2 TL getrockneter Thymian
- 1/2 TL gemahlener Senf
- 1/2 TL Paprika
- 1 TL Pfeffer
- 2 EL brauner Zucker
- Salz, nach Geschmack

Anweisungen

1. Gewürze und Zucker in einer Schüssel vermischen, bis alles gut vermischt ist.
2. Das Bier langsam einfüllen und umrühren.
3. Geben Sie die Fleischbällchen in den Schmortopf und gießen Sie die Biermischung darüber.
4. Kochen Sie die Fleischbällchen im Crockpot 5–6 Stunden lang auf niedriger Stufe und rühren Sie dabei einmal um, um sicherzustellen, dass alle Fleischbällchen mit der Biermischung bedeckt sind.
5. Anrichten und servieren!

Honig-Knoblauch-Crockpot-Fleischbällchen

Zutaten

- 1/2 Tasse brauner Zucker
- 1/4 Tasse Honig
- 1 Tasse Ketchup
- 3 Esslöffel Sojasauce
- 3 Knoblauchzehen, gehackt
- 1 Schuss Flüssigrauch
- 1 Beutel vollständig gekochte, gefrorene Fleischbällchen

Anweisungen

1. In einer mittelgroßen Schüssel braunen Zucker, Honig, Ketchup, Sojasauce, Knoblauch und Flüssigrauch vermischen.
2. Gefrorene Fleischbällchen in einen Schmortopf geben und die Soße über die Fleischbällchen gießen. Umrühren, um alle Fleischbällchen gleichmäßig zu bedecken.
3. 4 Stunden lang auf NIEDRIGER Stufe kochen, dabei gelegentlich umrühren.

Hühnchen-Chili-Dip

Autor: Der krümelige Cupcake

Zutaten

- ½ Feinkost-Brathähnchen, zerkleinert
- 1 Glas Salsa aus schwarzen Bohnen und Mais (ich habe Trader Joe's Cowboy Salsa verwendet)
- 12 Unzen saure Sahne
- 12 Unzen mexikanische geriebene Käsemischung
- Saft von 1 Limette

Anweisungen

1. Geben Sie alle Zutaten in einen 1,5-Liter-Crockpot (oder eine beliebige Größe, aber er passt perfekt in den Mini!) und rühren Sie um, um sie gleichmäßig zu verteilen.
2. Etwa 2 Stunden kochen lassen, oder bis alles schön geschmolzen und köstlich ist.
3. Mit Tortillachips servieren oder in einer Schüssel, wenn Sie einfach Lust auf Chili haben!

Crock Pot Chili Queso Dip

Autor: Kimberly Sneed

Zutaten

- 1 Tasse Kraft Mexican Four Cheese-Mischung
- 1 Tasse Kraft Triple Cheddar-Mischung
- 2 Dosen Chili (keine Bohnen)
- ½ Tasse Milch
- 2 EL Chilipulver

Anweisungen

1. Mischen Sie Käse, Chili, Milch und Gewürze in Ihrem Topf und stellen Sie ihn auf höchste Stufe.
2. Den Käse unter gelegentlichem Rühren schmelzen lassen.
3. Sobald es vollständig geschmolzen ist (ca. 30–45 Minuten), drehen Sie den Topf zum Erwärmen und servieren Sie es mit Tortillachips.

Gesünderer Reuben-Dip (Vorspeisenrezept für den Ofen, die Mikrowelle oder den Crock Pot)

Geteilt von: Zwei gesunde Küchen

Zutaten

- ⅓ Tasse fettfreier griechischer Naturjoghurt
- 3 Esslöffel Ketchup (natürlich oder biologisch, siehe Hinweis)
- 2 Unzen fettreduzierter Frischkäse, weich
- 4 Teelöffel süßes Gurkenrelish (natürlich oder biologisch, siehe Hinweis)
- 1½ Teelöffel weißer Essig
- ½ Teelöffel scharfe Soße (z. B. Frank's Red Hot)
- ¼ Teelöffel Knoblauchpulver
- ¼ Teelöffel Zwiebelpulver
- ¼ Teelöffel koscheres Salz
- 4 Unzen extramageres Feinkost-Corned Beef, gehackt (siehe Hinweis)
- 4 Unzen fettarmer Schweizer Käse, gerieben
- ¼ Tasse Sauerkraut
- fein gehackte Petersilie (falls gewünscht) zum Garnieren

Zum Servieren: Vollkorncracker oder kleine Scheiben Roggen- oder Pumpernickelbrot in Vorspeisengröße (auf Wunsch leicht geröstet)

Vorbereitung

1. In einer mittelgroßen Schüssel (oder direkt in einem ungefetteten Servierbehälter, z. B. einer 8×8-Backform, einer kleinen ovalen Auflaufform, einer Kuchenform oder einem Mini-Slow-Cooker-Einsatz) griechischen Joghurt, Ketchup und Frischkäse gründlich vermischen , Gurkenrelish, Essig, scharfe Soße, Knoblauchpulver, Zwiebelpulver und Salz. Corned Beef, Schweizer Käse und Sauerkraut unterrühren.
2. Kochen Sie die Dip-Mischung entsprechend der Kochmethode Ihrer Wahl (siehe unten), bis der Käse geschmolzen und der Dip durchgehend heiß ist.
3. Nach Belieben mit Petersilie garnieren und mit Crackern oder Vorspeisenbrot servieren.
4. Dieser Dip kann für Partys heiß gehalten werden, indem man einen Mini-Slow-Cooker (1 bis 2 Liter) verwendet. Kochen Sie den Dip im Slow Cooker, bis er heiß und geschmolzen ist, mindestens ein bis zwei Stunden (abhängig von der Wattzahl Ihres Slow Cookers), und halten Sie den Dip während der gesamten Party im Slow Cooker heiß.
5. Wenn Sie vor dem Servieren nur wenig Zeit haben, können Sie den Dip auch schnell gemäß der Mikrowellenanleitung oben erhitzen und dann den bereits erhitzten Dip in Ihren Mini-Slow-Cooker geben, um ihn während Ihrer Party heiß zu halten.

Crock Pot Buffalo Chicken Dip

Benötigte Zutaten:

-
1 Dose abgetropftes Hähnchenstück (10 oz)

-
1 Packung Frischkäse (8 oz)

-
1/2 Tasse Ranch-Dressing

-
3/4 Tasse rote scharfe Soße (wie die von Frank)

-
3/4 Tassen geriebener Cheddar-Käse

-

Anweisungen
1. Alle Zutaten in einen 1,5-Liter-Topf geben.
2. Schalten Sie den Schmortopf ein und rühren Sie alle 10 Minuten um, bis der Frischkäse geschmolzen und das Huhn durchgewärmt ist.
3. Aufschlag!

Slow Cooker Schokoladen-Lava-Kuchen

Zutaten für den Kuchenboden

- 1 Tasse Mehl
- 2 Teelöffel Backpulver
- 6 Esslöffel Butter
- 2 Unzen halbsüße Schokolade oder 2 Unzen Schokoladenstückchen
- 2/3 Tasse Zucker
- 3 EL in den Niederlanden verarbeitetes Kakaopulver
- 1 EL Vanilleextrakt
- 1/4 TL Salz
- 1/3 Tasse Milch
- 1 Eigelb

Zutaten für die flüssige Schicht

- 1/3 Tasse holländisch verarbeitetes Kakaopulver
- 1/3 Tasse Zucker
- 1/3 Tasse brauner Zucker
- 1 1/2 Tassen heißes Wasser

Anweisungen

1. Sprühen Sie das Innere eines 2 ½ bis 5 Liter fassenden Schongarers mit Antihaftspray ein.
2. In einer mittelgroßen Schüssel Mehl und Backpulver vermischen; beiseite legen.
3. In einer großen mikrowellengeeigneten Schüssel die Butter und die Schokolade in Schritten von 30 Sekunden in der Mikrowelle schmelzen, zwischen den einzelnen Schritten vermischen und kochen, bis sie geschmolzen sind (sollte nicht länger als 2 Minuten dauern).
4. Zur Buttermischung 2/3 Tasse Zucker, 3 EL Kakao, Vanille, Salz, Milch und Eigelb hinzufügen. Fügen Sie die Mehlmischung hinzu und rühren Sie, bis alles gut vermischt ist. Gießen Sie den Teig in den Slow Cooker und verteilen Sie ihn gleichmäßig.
5. In einer mittelgroßen Schüssel 1/3 Tasse Zucker, 1/3 Tasse braunen Zucker, 1/3 Tasse Kakao und heißes Wasser verrühren, bis alles vollständig vermischt ist. Gießen Sie die Mischung über den Teig im Slow Cooker. - NICHT VERMISCHEN.
6. Abdecken und 2-3 Stunden auf HIGH kochen lassen, dabei die 2-Stunden-Marke überprüfen. Der Kuchen sollte fertig aussehen und die Seiten des Kuchens sollten sich von den Seiten des Slow Cookers entfernen. Je größer Ihr Slow Cooker ist, desto kürzer ist die Garzeit. •Ich habe in einem kleinen 2,5-Liter-Slow-Cooker gekocht und es hat genau 2 Stunden gedauert.
7. Nehmen Sie den Deckel ab, achten Sie darauf, dass kein Wasser vom Deckel auf den Kuchen tropft, und lassen Sie ihn 30 Minuten lang abkühlen. Mit Eis oder Schlagsahne garniert servieren.
8. Genießen!

Pfirsichschuster

Zutaten

Für die Pfirsiche

- 8–12 mittelreife Pfirsiche, geschält, entkernt und in Scheiben geschnitten (oder 2–3 Dosen geschnittene Pfirsiche, abgetropft)
- 1 Stück Butter, geschmolzen
- 1 Teelöffel Zitronensaft
- ¼ Tasse Kristallzucker
- ¼ Tasse brauner Zucker
- ⅛ Teelöffel Muskatnuss
- ½ Teelöffel Zimt
- 2 Teelöffel Mehl
- Für den Schuster
- ½ Tasse brauner Zucker
- ½ Tasse Kristallzucker
- 1 Tasse Mehl
- 2 Teelöffel Backpulver
- 1 Tasse Milch
- 1 Teelöffel Vanille

Für den Belag

- 3 Esslöffel Zucker
- 1 Esslöffel Zimt

Anweisungen

1. In einer großen Schüssel Zucker, braunen Zucker, Muskatnuss, Zimt und Mehl vermischen.
2. Geben Sie die Pfirsiche in die Schüssel und rühren Sie um, bis sie vollständig mit der Mischung bedeckt sind.
3. Gießen Sie die geschmolzene Butter und den Zitronensaft in einen leicht gefetteten Schmortopf.
4. Geben Sie Ihre Pfirsichmischung über die Butter. Den Crockpot auf HIGH stellen, abdecken und beiseite stellen.
5. In einer großen Rührschüssel braunen Zucker, Zucker, Mehl und Backpulver für den Cobbler vermischen.
6. Milch und Vanille zur Mehlmischung geben und verrühren, bis alles gut vermischt ist.
7. Cobbler-Teig über die Pfirsiche im Slow Cooker gießen. Genesen.
8. Mischen Sie in einer separaten kleinen Schüssel 3 Esslöffel Kristallzucker mit 1 T Zimt.
9. Streuen Sie die Zimtmischung über den Cobbler im Slow Cooker.
10. 2½–3 Stunden lang auf HIGH kochen, oder bis der Cobbler fest ist.
11. Vor dem Servieren 5–10 Minuten stehen lassen.
12. Warm servieren, nach Belieben mit Eis garniert.

apple-Cobbler

Zutaten

- 2 21-Unzen-Dosen mit Apfelkuchenfüllung
- 2/3 Tasse brauner Zucker
- 2/3 Tasse Mehl
- 1/4 Tasse gemahlene Mandeln oder Mandelmehl
- 1 Teelöffel Zimt
- 1/4 Teelöffel Backpulver
- Prise Salz
- 4 Esslöffel Butter, weich
- 1 Ei
- 1/2 Teelöffel Vanilleextrakt

Richtungen

1. Gießen Sie die Apfelkuchenfüllung in einen 4-Liter-Topf.

2. Braunen Zucker, Mehl, Mandeln/Mandelmehl, Backpulver, Zimt und Salz in einer Schüssel vermischen.

3. Schneiden Sie die Butter in Stücke und reiben Sie die Butter mit den Händen in die trockenen Zutaten, bis mittlere Streusel entstehen.

4. Nehmen Sie eine halbe Tasse heraus und stellen Sie sie beiseite.

5. Ei und Vanille verrühren.

6. Das Ei mit den restlichen Zutaten in die Schüssel geben.

7. Geben Sie den Teig löffelweise über die Apfelkuchenfüllung.

8. Den Guss mit der Rückseite des Löffels auf den Äpfeln verteilen.

9. Streuen Sie die restlichen Krümel darüber.

10. Decken Sie die Oberseite des Schmortopfs mit einer dreilagigen Lage Papiertüchern ab.

11. Legen Sie den Topfdeckel über die Papiertücher.

12. 2,5 Stunden auf niedriger Stufe garen.

13. Nach 2,5 Stunden den Deckel und die Papiertücher abnehmen und weitere 30–45 Minuten kochen lassen oder bis der Belag gar ist.

Über Nacht Birnen-Cobbler

Für die Füllung:

- 6 C. reife Birnen, geschält, entkernt und in 2,5 cm große Würfel geschnitten
- 1 C. Honeycrisp-Apfel (oder ein anderer süß-säuerlicher Apfel), geschält, entkernt und in 2,5 cm große Würfel geschnitten
- 1 Teelöffel. Zimt
- ¼ TL. gemahlene Muskatnuss (möglichst frisch gemahlen)
- 1/8 TL. Salz
- ½ C. Backmischung (ich mag die Marke Jiffy)
- 3 EL. ungesalzene Butter, weich
- ¾ C. 2 % Milch
- ½ Tasse Kristallzucker
- 2 Eier
- 1 Teelöffel. Vanilleextrakt

Für den Belag:

- 1/3 C. brauner Zucker, verpackt
- 3 EL. ungesalzene Butter, kalt und in ¼-Zoll-Stücke schneiden
- 1 Tasse Backmischung (z. B. Marken Jiffy oder Bisquick)

Anweisungen

Füllung:

1. Buttern Sie den Topf eines Slow Cookers mit Butter, bevor Sie die gehackten Birnen und Äpfel hinzufügen. Zimt, Muskatnuss und Salz über die Früchte streuen und vermengen. Backmischung, weiche Butter, Milch, Kristallzucker, Eier und Vanille gut verrühren und dann über die gewürzte Birnenmischung gießen.

Belag:

1. Weitere Backmischung mit braunem Zucker verquirlen. Schneiden Sie die kalten Butterwürfel in die zuckerhaltige Backmischung, bis sie die Größe von Erbsen haben. Den Belag gleichmäßig über alles im Topf verteilen.
2. Den Topf abdecken und auf niedriger Stufe 6 bis 7 Stunden garen, oder bis die Früchte weich und der Belag fest und gebräunt sind. Mit einem ordentlichen Schuss Milch oder Sahne darüber servieren.

Kokosnusskuchen

Zutaten

Für Kuchen

- 3 Eier
- 1 Dose Kondensmilch, 14 oz
- 1 Dose Kondensmilch, 12 oz
- 1 Dose Kokosmilch, 14 oz
- 2½ Tassen Allzweckmehl
- 3 Esslöffel Butter, weich
- ¼ Tasse Zucker

Zum Garnieren

- 1 Dose Kokosmilch, 14 oz
- 2 Esslöffel Zucker
- 1½ Tassen Kokosnuss, geraspelt

ANWEISUNGEN

Um den Kuchen zu backen

1. Alle Kuchenzutaten miteinander vermischen

2. Sprühen Sie die Innenseite eines Topftopfs mit Antihaftspray ein. Mit Backpapier auslegen und das Papier ebenfalls besprühen

3. Geben Sie den Kuchenteig in den Topf

4. Legen Sie 3-4 Blatt Papierhandtücher auf den Topf und setzen Sie den Deckel fest darauf.

5. 3-4 Stunden lang auf höchster Stufe kochen

Zum Belag zubereiten

1. Alle Zutaten in einen Topf geben. Mischen und die Mischung bei mittlerer Hitze kochen lassen

Montieren

1. Geben Sie den Belag über den warmen Kuchen im Slow Cooker

2. Lassen Sie die gesamte Flüssigkeit aufsaugen

3. Warm oder kühl servieren

Zimtschnecken-Fondue

Zutaten

- Frischkäse-Fondue aus dem Slow Cooker
- 1 (8 Unzen) Frischkäse, bei Zimmertemperatur
- 1/2 Tasse Butter, bei Zimmertemperatur
- 1 ½ Teelöffel Vanilleextrakt
- 2 Tassen Puderzucker
- Miniatur-Zimtschnecken
- 2 Packungen Buttermilchkekse in normaler Größe (keine großen Kekse)
- 1/4 Tasse Butter, geschmolzen
- 3/4 Tasse weißer Zucker
- 1 Teelöffel. Zimt

Anweisungen

1. Für das Fondue den zimmerwarmen Frischkäse glatt rühren. Die zimmerwarme Butter (nicht schmelzen) und den Vanilleextrakt unterrühren, bis alles glatt und gut vermischt ist.
2. Den Puderzucker langsam einrühren, bis er vollständig vermischt ist.
3. Übertragen Sie die Mischung in eine hitzebeständige Schüssel oder Schüssel aus Glas oder Keramik, die in Ihren Slow Cooker passt.

4. Stellen Sie die mit der Fondue-Mischung gefüllte Schüssel oder Schüssel in den Slow Cooker. Setzen Sie den Deckel auf den Slow Cooker und stellen Sie ihn 1 Stunde und 30 Minuten bis 2 Stunden lang auf niedrige Stufe, wobei Sie gelegentlich umrühren.
5. Wenn Sie es servieren möchten, lassen Sie es entweder im Slow Cooker, um es warm zu halten, oder nehmen Sie es heraus und geben Sie es in ein anderes Gericht.
6. Die besten Ergebnisse erzielen Sie, wenn die Zimtschnecken genau dann fertig sind, wenn das Fondue fertig ist!
7. Für die Zimtschnecken den Ofen auf 200 °C vorheizen. Eine Miniatur-Muffinform mit Antihaftspray einsprühen und beiseite stellen.
8. Nehmen Sie die Kekse aus der Verpackung und rollen Sie sie jeweils mit einem Nudelholz aus, sodass sie etwas breiter/größer werden.
9. In einer kleinen Schüssel die Butter schmelzen. In einer anderen kleinen Schüssel Zucker und Zimt vermischen (bei Bedarf noch mehr Zimt hinzufügen).
10. Tauchen Sie jeden Keks in die geschmolzene Butter, schütteln Sie den Überschuss ab und tauchen Sie ihn dann in die Zimt-Zucker-Mischung. Den Überschuss abschütteln.
11. Von links nach rechts rollen, sodass eine lange Röhre entsteht. Dann von unten nach oben rollen, sodass eine Miniatur-Zimtschnecke entsteht.
12. Legen Sie jedes in seine eigene Mulde in der Miniatur-Muffinform. 8-10 Minuten backen oder bis die Kekse nicht mehr klebrig und durchgebacken sind. (Ich mag es, sie leicht zu backen, aber machen Sie, was Ihnen lieber ist.)
13. Legen Sie die gebackenen Zimtschnecken auf Eis am Stiel oder Zimtstangen und tauchen Sie sie in die Fondue-Mischung.
14. Dieses Dessert schmeckt am besten, wenn die Zimtschnecken heiß/frisch aus dem Ofen kommen!

Kürbis-Karamell-Kuchen

Zutaten

- 1 Schachtel gelbe Kuchenmischung
- 1 Tasse Wasser
- ⅓ Tasse Pflanzenöl
- 3 Eier
- 1 (15 Unzen) Dose Kürbispüree
- ⅓ Tasse brauner Zucker
- 1 Teelöffel Zimt
- ¼ Teelöffel Muskatnuss
- ¼ Teelöffel Ingwer
- ¼ Teelöffel Piment
- 1 Glas Karamell-Topping
- Eis zum Servieren

Anweisungen

1. In einer großen Rührschüssel alle Zutaten außer dem Karamell-Topping verrühren.
2. Den Teig in einen gefetteten Topf geben.
3. 2 Stunden lang auf HOCH stellen, bis der Kuchen anfängt fest zu werden
4. Gießen Sie etwa ¾ des Karamell-Toppings in das Glas

5. Weitere 1–2 Stunden auf HOCH backen, bis der Kuchen vollständig fest ist.
6. Vor dem Servieren 5–10 Minuten ruhen lassen.
7. Warm servieren, mit dem restlichen Karamell-Topping und einer Kugel Eis beträufeln

Schokoladenfondue

Zutaten

- 12-Unzen-Beutel mit halbsüßen Schokoladenstückchen
- 12-Unzen-Glas Karamell-Topping (zu finden in der Eiscreme-Abteilung)
- 12-Unzen-Glas kernlose Himbeermarmelade oder Konserven

Anweisungen

1. Alle Zutaten in einem 2½-Liter-Slow-Cooker vermischen. Auf niedriger Stufe kochen und dabei häufig umrühren, um die Zutaten zu vermischen. Sobald alle Zutaten gut vermischt und heiß sind (ca. 1½ Stunden), servieren.

Kürbisreispudding

Zutaten

- 4 Tassen Milch Ihrer Wahl (Vollmilch, Soja, Reis usw.)
- 2 Tassen Reis (weißer Kurzkornreis)
- 2 Tassen Kürbispüree
- 1 Tasse Rosinen (oder getrocknete Preiselbeeren)
- ½ Tasse brauner Zucker
- 4 TL Kürbiskuchengewürz
- 1 TL reiner Vanilleextrakt

Anweisungen

1. Sprühen Sie den Slow Cooker sehr gut mit Antihaft-Kochspray ein (oder verwenden Sie eine Einlage für den Slow Cooker). Alle Zutaten in den Slow Cooker geben und gut umrühren. 3 bis 4 Stunden auf niedriger Stufe kochen, bis der Reis weich ist.

Hausgemachte Crockpot-Karamellsauce

Autor: Jamie Harrington

Zutaten

- 1 Tasse weißer Zucker
- 1 Tasse brauner Zucker
- ½ Tasse heller Maissirup
- ¼ Tasse Butter
- 1 Esslöffel Wasser
- ½ Sahne

Anweisungen

1. Alle Zutaten in den Crockpot geben und auf mittlere Hitze stellen.
2. Rühren Sie die Zutaten ständig um, bis sie zu kochen beginnen, und nehmen Sie sie dann vom Herd.
3. Die Sahne einrühren. Rühren Sie 2-3 Minuten lang weiter, bis die Creme vollständig eingearbeitet ist.
4. Auf Raumtemperatur kommen lassen. Möglicherweise möchten Sie etwas mehr umrühren, um sicherzustellen, dass alle Zutaten gut vermischt sind.

5. Karamell in ein Einmachglas oder einen Behälter füllen. Sie können es sofort mit einigen frisch geschnittenen Apfelscheiben servieren oder zur späteren Verwendung in einem luftdichten Behälter im Kühlschrank aufbewahren.
6. Wenn Sie es verwenden möchten, stellen Sie es einfach für 30 Sekunden in die Mikrowelle und rühren Sie um.
7. Die Soße ist gekühlt ca. 1 Woche haltbar.

Karamell Äpfel

Zutaten

- 2 (14 Unzen) Packungen Karamellbonbons
- ¼ Tasse Wasser
- 8 säuerliche Äpfel mit eingelegten Stiften

Anweisungen

1. Den Slow Cooker leicht mit Butter bestreichen.
2. Karamellbonbons und Wasser in den Crockpot geben.
3. Abdecken und auf höchster Stufe etwa 1–1½ Stunden kochen lassen, dabei gelegentlich umrühren, um verbrannte Stellen zu vermeiden.
4. Wenn die Karamellbonbons geschmolzen sind, stellen Sie die Hitze auf „Niedrig" oder „Warm".
5. Bereiten Sie ein Stück Wachspapier oder eine Folie vor und fetten Sie es großzügig mit Butter ein, um ein Anhaften zu verhindern.
6. Tauchen Sie die Äpfel in den Crockpot und bedecken Sie sie vollständig mit Karamell.
7. Lassen Sie den Überschuss vom Apfel abtropfen. Anschließend auf gefettetes Wachspapier übertragen.
8. Lassen Sie Karamelläpfel vor dem Verzehr abkühlen und fest werden.

Einfaches Crock Pot-Kürbis-Kaffeekuchen-Rezept

Zutaten

- Betty Crocker Zimtstruesel-Brotmischung
- 1 Tasse Kürbispüree
- ⅛ Tasse) Zucker
- 1 TL Kürbisgewürz

Anweisungen

1. Stellen Sie Ihren Schmortopf auf die höchste Stufe und sprühen Sie ihn mit Antihaft-Kochspray ein.
2. Kürbispüree, Zucker und Kürbisgewürz vermischen.
3. Fügen Sie die Zimtstruessel-Brotmischung hinzu und rühren Sie, bis alles gut vermischt ist.
4. Den Teig in den Topf füllen und mit einem Struesselbeutel bedecken.
5. Den Topfdeckel aufsetzen und 60–75 Minuten backen, bis ein Zahnstocher, der in die Mitte des Kuchens gesteckt wird, sauber herauskommt.

Gebackener Apfel

Zutaten

- 6 große Äpfel
- 3/4 Tasse brauner Zucker
- 1 Teelöffel Zimt
- 2 Esslöffel Margarine oder Butter
- 1/2 Tasse Apfelsaft
- 1/4 Tasse Walnüsse oder 1/4 Tasse altmodische Haferflocken

Richtungen

1. Äpfel waschen und entkernen. Sie können einen Melonenausstecher oder ein Schälmesser verwenden, um die Äpfel zu entkernen. Schneiden Sie einen 2,5 cm breiten Streifen der Schale rund um den Apfel ab, um zu verhindern, dass die Äpfel platzen.

2. Mischen Sie braunen Zucker, Zimt, Margarine und Walnüsse (oder Haferflocken) in einer großen Schüssel und füllen Sie jeden Apfel mit der Mischung.

3. Geben Sie die Äpfel in den Slow Cooker und geben Sie den Apfelsaft um die Unterseite der Äpfel herum.

4. Stellen Sie den Crockpot auf hohe Hitze und kochen Sie ihn 2 1/2 – 3 Stunden lang, bis die Äpfel weich sind, wenn Sie sie mit einer Gabel hineinstechen.

5. Mit Eis und Karamellsauce servieren oder ganz nach der alten Schule servieren und einfach so servieren!!!

Im Topf gebackene Birnen mit Ahornstreusel

Zutaten

- 6 Birnen

- 1 Tasse Haferflocken

- 3/4 Tasse verpackter brauner Zucker

- 1/4 Tasse Ahornsirup

- 2 Teelöffel Zimt

- 1/4 Tasse Butter

Anweisungen

1. Beginnen Sie damit, 6 Birnen zu entkernen, in zwei Hälften zu schneiden und mit der Schnittseite nach oben in Ihren Topf zu legen. {Ich habe meinen Topf mit Folie ausgelegt, damit das Aufräumen zum Kinderspiel wird!}

2. Als nächstes vermischen Sie Haferflocken, braunen Zucker, Zimt und Ahorn in einer mittelgroßen Schüssel.

3. Die Streusel so auf die Äpfel legen, dass sie bedeckt sind, und dann mit Butterstücken bestreuen.

4. 2 Stunden auf hoher Stufe oder 4 Stunden auf niedriger Stufe backen.

Traditionell eingelegte Crockpot-Pulled-Pork-Schulter

Zutaten

- 1 (3-4 Pfund) Schweineschulter aus Weidehaltung
- 2 Tassen reines Wasser oder mehr nach Bedarf
- 4 Tassen Apfelwein oder weißer Essig oder mehr nach Bedarf
- 1/4 Tasse Meersalz
- 1 große Zwiebel, in 8 Spalten geschnitten
- 1 EL. gemahlener Kreuzkümmel
- 1 EL. gemahlener Senf
- 1 EL. Chilipulver
- 1 Teelöffel. ungesüßter Kakao oder rohes Kakaopulver
- 1/2 Tasse Rapadura- oder Kokosnusszucker

Anweisungen

1. Mit einem Spieß oder einem scharfen Messer den Schulterbraten einschneiden, damit die Marinade tiefer eindringen kann.
2. Legen Sie die eingekerbte Schweineschulter in die Keramikschüssel Ihres Slow Cookers. Gießen Sie in einem Verhältnis von Essig und Wasser von 2:1 so viel Essig und Wasser in den Slow Cooker, dass das Schweinefleisch vollständig bedeckt ist. Fügen Sie das Meersalz hinzu.

3. Stellen Sie die Keramikschüssel in den Kühlschrank und lassen Sie das Schweinefleisch 12–24 Stunden marinieren.
4. Gießen Sie nach dem Marinieren so viel Flüssigkeit aus der Keramikschüssel, dass etwa 1 cm des Schweinefleischs freiliegt.
5. Die Zwiebelspalten zur restlichen Flüssigkeit hinzufügen.
6. Die freiliegende Oberfläche der Schweineschulter mit Kreuzkümmel, Senf, Chilipulver, Kakao und Zucker würzen.
7. Stellen Sie die Schüssel auf den Boden des Slow Cookers und garen Sie es auf hoher Stufe, bis das Schweinefleisch zart ist und leicht auseinanderfällt (8 bis 10 Stunden).
8. Legen Sie das Schweinefleisch vorsichtig auf ein Schneidebrett und zerkleinern Sie das Fleisch mit einer Gabel. Überschüssige Marinade oder Fett entfernen und entsorgen.
9. Genießen Sie es alleine oder mit Ihrer Lieblingssauce.

Crockpot- oder Ofenbrathähnchen

Zutaten

- 1 ganzes Hähnchen (Crockpot) oder 2 ganze Hähnchen (Ofenbräter)
- 1-2 Zwiebeln, grob gehackt
- 4-5 Karotten, grob gehackt
- 4-5 Stangen Sellerie, grob gehackt

Anweisungen

1. Werfen Sie das gesamte Gemüse auf den Boden des Schmortopfs oder Bräters.
2. Spülen Sie das/die Hähnchen innen und außen ab und legen Sie die Brust NACH UNTEN in den Topf oder Bräter.
3. Füllen Sie den Topf oder Bräter bis zur Hälfte der Hähnchenhöhe mit Wasser.
4. 8 Stunden lang auf niedriger Stufe im Crockpot oder 8 Stunden lang bei 275 Grad im Ofenröster garen.

Slow Cooker Tomaten-Basilikum-Hähnchen

Zutaten

- 3 Pfund Hähnchenschenkel ohne Knochen und Haut
- Meersalz und schwarzer Pfeffer
- 6 Knoblauchzehen, in Scheiben geschnitten
- ¾ Tasse Balsamico-Essig
- 1 Pfund Trauben- oder Kirschtomaten
- 2 EL Kokosblütenzucker
- 15–20 große Basilikumblätter, julieniert
- Bei Bedarf Balsamico-Vinaigrette als Beilage servieren

Anweisungen

1. Hähnchen mit Salz und Pfeffer würzen und in den Slow Cooker geben.
2. Knoblauch, Essig, Tomaten und Kokosnusszucker hinzufügen und etwas umrühren, bis das Huhn bedeckt ist.
3. Bei schwacher Hitze etwa 6 Stunden kochen lassen, oder bis das Hähnchen gar ist und leicht auseinanderfällt.
4. Hähnchen und Tomaten auf eine Platte legen, das Hähnchen mit zwei Gabeln zerteilen und einige der Tomaten zerdrücken. Basilikum einrühren. Nach Belieben etwas Balsamico-Vinaigrette als Beilage servieren.
5. Genießen!

Slow Cooker Chicken Marinara mit Basilikum-Zucchini-Nudeln

Zutaten

- 1 3–4 Pfund schweres Huhn, Innereien herausgenommen und für die Brühe reserviert
- 1 Zwiebel, in Scheiben geschnitten
- 1½ Tassen hausgemachte Marinara oder Ihre Lieblingsmarinara aus dem Laden
- Meersalz und Pfeffer
- 4 mittelgroße Zucchini
- ¼ Tasse frisches Basilikum
- gehobelter Parmigiano Regiano nach Geschmack (optional)

Anweisungen

1. Legen Sie die geschnittene Zwiebel auf den Boden des Slow Cookers
2. Das Hähnchen großzügig mit Meersalz und Pfeffer würzen und auf die Zwiebeln in den Slow Cooker geben
3. Gießen Sie die Marinara-Sauce über das Huhn
4. Setzen Sie den Deckel auf den Slow Cooker und kochen Sie ihn 3–4 Stunden lang auf höchster Stufe oder 6–8 Stunden lang auf niedriger Stufe
5. Wenn das Hähnchen durchgegart ist, nehmen Sie es aus dem Slow Cooker und stellen Sie es beiseite, damit es so weit abkühlen kann, dass Sie es verarbeiten können

6. In der Zwischenzeit die Zucchininudeln spiralförmig formen. Ich mache gerne etwa 1 pro Person
7. Geben Sie die Nudeln in ein Sieb, das über einer Schüssel steht.
8. Mit Meersalz bestreuen und die Nudeln etwa 5 Minuten ruhen lassen. Das überschüssige Wasser fällt in die Schüssel. Verwerfen Sie das.
9. Wenn das Huhn abgekühlt genug ist, um es anfassen zu können, das Fleisch von den Knochen lösen und es zurück in den Slow Cooker geben, um es in der Soße zu erwärmen.
10. Probieren Sie das Hähnchen und die Soße und würzen Sie es mit Meersalz und Pfeffer
11. Das frische Basilikum in Stücke reißen und mit den Zucchininudeln vermischen.
12. Zum Anrichten ein Bett aus Zucchininudeln auf den Teller legen und das Hähnchen zusammen mit etwas Soße über die Nudeln geben. Mit Parmesankäse (optional) und zusätzlichem Basilikum garnieren.
13. Genießen!

Griechisches Hähnchen-Taco-Fleisch aus dem Slow Cooker mit Avocado-Feta-Dip

- 1 Packung Hähnchenbrust ohne Knochen und ohne Haut (2 riesige Brüste, etwas mehr als ein Pfund Fleisch)
- 1 Zwiebel, etwa 3/4 Tasse gewürfelt
- 1/2 Tasse marinierte Artischockenherzen, klein gehackt
- 3/4 Tasse Marinade aus einem Glas Artischocken
- 1 Teelöffel Pampered Chef-Dillmischung (oder eine beliebige Dill-Gewürzmischung)
- 1/2 Teelöffel Rosmarin/Knoblauch-Gewürzmischung für den Brot-Dip (oder getrockneter Rosmarin und gehackter Knoblauch)
- 2 Goldbarrenwürfel
- Schale und Saft von 1 Zitrone
- 3/4 Tasse (6 Unzen) griechischer Naturjoghurt
- 1/4 Tasse gehackte Oliven (ich habe grüne verwendet)
- 1 Esslöffel Olivensaft aus dem Glas
- 2 Avocados
- 1/2 Tasse zerbröselter Feta-Käse
- 1/4 Tasse gehackte Zwiebel
- 1 Esslöffel fein gehackte Jalapeño
- 1/2 Tasse gehackte Petersilie
- 2 Esslöffel gehackter Oregano
- Saft von 1 Zitrone
- Eine großzügige Prise koscheres Salz

- Gekochter Reis oder Tortillas, gehackte rote Zwiebeln, gehackte Oliven, Salatmischung zum Servieren

Anweisungen

1. Geben Sie das Hähnchen, die Zwiebeln, die Artischockenherzen + Marinade, die Dill- und Rosmaringewürze, den Knoblauch und die Zwiebelwürfel in den Slow Cooker.

2. Die gesamte Zitrone abreiben, dann halbieren und den Saft aus beiden Hälften in den Slow Cooker pressen.

3. Denken Sie daran, das verdammte Ding auf „Low" zu stellen und es anzuschließen (im Ernst, legen Sie Ihre Autoschlüssel daneben, wenn Sie es aufstellen, damit Sie überprüfen können, ob es tatsächlich funktioniert, bevor Sie aus der Tür fliegen).

4. Nehmen Sie das Hähnchen nach 6 Stunden auf niedriger Stufe aus dem Slow Cooker und zerkleinern Sie es mit zwei Gabeln. Die verbleibende Flüssigkeit abseihen – die Feststoffe und das Huhn zurück in den Slow Cooker geben und die Flüssigkeit beiseite stellen. Joghurt, Oliven und Olivensaft mit dem Hühnchen verrühren und 2 bis 4 Unzen (1/4 bis 1/2 Tasse) der beiseite gestellten Flüssigkeit hinzufügen, bis das Fleisch nach Ihren Wünschen feucht ist. [Hebe den Rest des Safts auf.

5. Das Fleisch ist jetzt fertig, kann aber noch etwa 30 Minuten lang auf niedriger Stufe im Slow Cooker bleiben.

6. Servieren Sie das Hähnchen über Reis, auf einem Tortillaaufstrich mit Avocado-Feta-Dip oder auf einem Salatbett. Mit gehackten roten Zwiebeln und grünen Oliven belegen.

Langsam gegarter Rinderschmorbraten mit Tomaten und grünen Chilischoten

Zutaten

- 1 Esslöffel Speiseöl
- 2 gelbe Zwiebeln, geschält und geviertelt
- 1 Rinderhackbraten (3-4 Pfund)
- 1 Tasse hausgemachte Rinderbrühe
- 1 Dose (14 oz) gewürfelte Tomaten ODER 1 Pint frische Kirschtomaten, geviertelt
- 2 (4 oz) Dosen feuergeröstete grüne Chilis ODER 1 Tasse frisch geröstete Hatch-Chilis
- 4 Knoblauchzehen, geschält und gewürfelt
- 1 Limette, entsaftet
- 2 Teelöffel Chilipulver
- 2 Teelöffel Kreuzkümmelpulver
- 2 Teelöffel Zwiebelpulver
- 2 Teelöffel Knoblauchpulver
- Meersalz nach Geschmack
- Schwarzer Pfeffer nach Geschmack
- 1 Esslöffel Weißweinessig (zum Abschluss, optional)

Richtungen

Crock-Pot- oder Slow-Cooker-Methode

1. Wenn Sie für dieses Rezept einen Crock-Pot oder einen Slow Cooker verwenden, befolgen Sie alle oben aufgeführten Bräunungsanweisungen, geben Sie dann die Flüssigkeit/das Gemüse/die Gewürze in den Slow Cooker und legen Sie den Braten darauf. 8 Stunden lang auf niedriger Stufe kochen, oder bis es weich ist.

Betrunkene kurze Rippchen vom Paläo-Rind

Zutaten

- 1–2 Pfund kurze Rippchen vom grasgefütterten Rind
- 5 Tassen Rotwein
- 1 Tasse Champignons (ich habe sie halbiert)
- 1 Zwiebel in dünne Scheiben schneiden

Richtungen

1. Das Rindfleisch in einer Pfanne bei mittlerer Hitze von jeder Seite 2 Minuten anbraten.
2. Geben Sie alle Zutaten 11 Stunden lang in den Schmortopf auf niedriger Stufe.

Slow Cooker-Suppe mit geräucherter Wurst und Kartoffeln

Autor: K Milliron

Zutaten

- 1 Pfund ungepökelte Räucherwurst
- 4 Tassen Gemüse- oder Knochenbrühe
- 1 kleine Zwiebel, gehackt
- 2 Karotten, in Scheiben geschnitten
- 2 Selleriestangen, in Scheiben geschnitten
- 3 Kartoffeln, gewürfelt
- 3 Knoblauchzehen, gewürfelt
- ½ TL Oregano
- Salz nach Geschmack.

Anweisungen

1. Geben Sie alle Zutaten in den Slow Cooker.
2. Bei niedriger Temperatur 4–5 Stunden oder bei hoher Temperatur 2–3 Stunden garen.
3. Genießen!

Käseiges mexikanisches Quinoa aus dem Slow Cooker

- 1-1/2 Tassen Regenbogen-Quinoa (oder jede andere Quinoa-Sorte, die Sie haben)
- 1 Pfund Schweinehackfleisch (vorzugsweise grasgefüttert, biologisch)
- 1 EL natives Olivenöl extra
- Meersalz und schwarzer Pfeffer
- 1 15-Unzen-Dose Kidneybohnen, abgetropft und abgespült
- 1 14,5-Unzen-Dose gewürfelte Tomaten
- 1/2 Tasse Salsa (ich habe eine Tequila-Limetten-Sorte verwendet)
- 1 mittelgroße Zwiebel, gehackt
- 1 großer Jalapeño, gehackt
- 1 10-Unzen-Dose Enchiladasauce (ich habe milde verwendet)
- 1 EL Chilipulver
- 1 TL Kreuzkümmel
- 1/2 TL Knoblauchpulver
- 1 Tasse Wasser
- 6 Unzen geriebener, milchfreier Daiya-Käse (ich habe den würzigen Monterey-Jack-Käse verwendet)
- 3 Frühlingszwiebeln, in Scheiben geschnitten
- Quinoa gut abspülen.
- Öl in einer Pfanne erhitzen und das Hackfleisch mit Salz und Pfeffer anbraten, bis es gar ist.

Richtungen

1. Übertragen Sie das Fleisch mit einem Schaumlöffel in den Slow Cooker. Quinoa, Bohnen, Tomaten, Salsa, Zwiebeln, Jalapeño, Enchiladasauce, Gewürze und Wasser hinzufügen. Abdecken und bei starker Hitze etwa 3 Stunden kochen lassen (oder bis die Flüssigkeit aufgesogen ist und die Quinoa gar, aber noch al dente ist). Öffnen Sie den Deckel und rühren Sie den Käse ein. In Schüsseln verteilen und mit Frühlingszwiebeln garnieren. Genießen!

Zutaten

- 4 Pfund Schweineschulter mit Knochen (versuchen Sie, antibiotikafreies Schweinefleisch zu verwenden, wenn möglich aus artgerechter Haltung)

- Spritzer Ihres Lieblingsspeiseöls (meine Lieblings-EVOO-Marke erhalten Sie hier)

- 1 1/2–2 Esslöffel Speckfett (optional)

- 8 Knoblauchzehen, geschält und gewürfelt

- 1/2 gelbe Zwiebel, geschält und gewürfelt

- 1 Dose (4 oz) geröstete grüne Chilis, nicht abgetropft (erfahren Sie, wie Sie Ihre eigenen rösten)

- 1/2 Tasse natriumarme hausgemachte Hühner- oder Fleischbrühe
- 1 Limette, nur Saft
- 1/4 Tasse Orangensaft (optional)
- Spice Rub, gemischt (siehe Rezept unten)

Gewürzmischung

- Von jeder der folgenden Zutaten einen gehäuften Teelöffel hinzufügen und vermischen

- Kreuzkümmel

- Knoblauchpulver

- Zwiebelpulver

- Chilipulver

- Cayenne Pulver

- Oregano

- Weißer Pfeffer

- schwarzer Pfeffer

- Meersalz (ich empfehle rosa Himalaya-, keltisches oder Utah-Salz)

- Bio-Rohzucker

- gemahlener Zimt (optional)

Empfohlene Ausrüstung

Slow Cooker

Backblech mit Rand oder sehr große Schüssel (zum Zerkleinern)

Richtungen

1. Die Schweineschulter aus dem Kühlschrank nehmen, auspacken, abspülen und trocken tupfen.
2. Schalten Sie Ihren Slow-Cooker auf niedrige Stufe.
3. Fügen Sie einen Spritzer Speiseöl und Speckfett hinzu (optional).
4. Während es schmilzt, schälen und würfeln Sie den Knoblauch und die Zwiebel und geben Sie sie dann zusammen mit der Dose Chilischoten (nicht abgetropft) in den Topf.
5. Alle Gewürze in einer Schüssel vermengen.
6. Schneiden Sie die Schweineschulter in zwei gleich große Stücke (ohne Knochen) und reiben Sie beide Stücke rundherum mit der Gewürzmischung ein.
7. Legen Sie das Schweinefleisch mit der Fettseite nach oben in den Schmortopf.
8. Gießen Sie die Hühnerbrühe hinzu und achten Sie darauf, dass Sie sie nicht direkt auf das Schweinefleisch gießen (Sie möchten die Gewürze nicht abwaschen).
9. Schneiden Sie eine Limette in zwei Hälften, drücken Sie den Saft aus beiden Hälften in den Slow-Cooker und fügen Sie dann den Orangensaft hinzu.
10. Setzen Sie den Deckel auf den Schmortopf und heben Sie ihn nur gelegentlich ab, um das Schweinefleisch neu zu justieren und zu begießen.

11. Entweder 6–8 Stunden auf niedriger Stufe kochen, 3–4 Stunden auf hoher Stufe oder bis das Schweinefleisch vollständig durchgegart ist, vom Knochen fällt und sich leicht zerkleinern lässt.
12. Überprüfen Sie es unbedingt alle paar Stunden, wenn es zu hoch ist. Einige Schmortöpfe garen schneller als andere.
13. Wenn es fertig ist, nehmen Sie es aus dem Saft, zerkleinern Sie das Schweinefleisch und geben Sie es dann zurück in den Schmortopf, um das Fleisch feucht zu halten.
14. Alternativ können Sie es aus dem Slow-Cooker nehmen und etwas Saft auf das Fleisch gießen.

Crock-Pot Spaghetti-Bolognese-Sauce

Zutaten

- 3–4 Pfund Schweine- oder Rinderhackfleisch
- 2 Knoblauchzehen, fein gehackt ((Achtung: nicht nur zwei Zehen, sondern zwei volle Köpfe!))
- 2 Esslöffel Meersalz
- 3 Esslöffel Honig
- 2 Teelöffel Kreuzkümmel
- 1 Teelöffel Zimt
- 2 Zwiebeln (gewürfelt)
- 1 grüne Paprika (gewürfelt)
- 1 rote oder gelbe Paprika (gewürfelt)
- 1 Teelöffel Chilipulver
- 2 Esslöffel Basilikum
- 2 Esslöffel Oregano
- 10 Tassen Tomatensauce

Anweisungen

1. Geben Sie ein wenig Butter (Kokosöl, wenn Sie keine Milchprodukte essen) in eine gusseiserne Pfanne, während diese bei mittlerer Hitze auf dem Herd erhitzt wird.
2. Zwiebeln und Paprika zusammen 5 Minuten anbraten und dann Gewürze und Knoblauch hinzufügen. Weitere etwa 5 Minuten anbraten, dann das Fleisch hinzufügen.
3. Braten Sie die Mischung, bis das Fleisch teilweise gar ist und mit den Zwiebeln, Paprika und Gewürzen schön gemütlich ist. Es ist eine große alte Party.
4. Geben Sie die ganze Gruppe in den Schmortopf und fügen Sie die Tomatensoße hinzu.
5. Stellen Sie nun Ihren Schmortopf so ein, dass er 4–8 Stunden lang auf niedriger Stufe kocht
6. Lassen Sie die Aromen sich vermischen und vermischen und lernen Sie einander näher kennen.

Köstliches Crock Pot Beef

Zutaten

- 1 grasgefütterter Rinderbraten oder Bisonbraten (3–4 Pfund sind das, was ich normalerweise wiege)
- 10-15 Knoblauchzehen zerdrückt oder gehackt
- 1 Tasse süße Zwiebel, in dünne Scheiben geschnitten
- ½ Tasse glutenfreie Worcestershire-Sauce
- 1 Tasse Rinderbrühe (oder Wasser) 1-2 TL.
- 1-2 TL. frisch gemahlener schwarzer Pfeffer
- Meersalz nach Geschmack

Anweisungen

1. Legen Sie Ihren Braten in Ihren Schmortopf.
2. Schälen Sie Ihre Knoblauchzehen und zerdrücken oder hacken Sie sie.
3. Diese zum Braten geben.
4. Schneiden Sie Ihre Zwiebel in sehr dünne Scheiben (oder würfeln Sie sie, wenn Sie möchten).
5. Diese zum Braten geben.
6. Gießen Sie Ihre Worcestershire-Sauce und Brühe (oder Wasser) über den Braten und fügen Sie Ihren schwarzen Pfeffer hinzu.
7. Abdecken und bei niedriger Temperatur 8–10 Stunden garen.
8. Mit der Beilage Ihrer Wahl servieren.

Slow Cooker Schmorbraten mit Schalotten und Babykarotten

Autorin: Linda Spiker

Zutaten

- 1-3 Pfund Chuck Roast
- 14 Babykarotten, geschält
- 8 Schalotten, geschält
- Meersalz
- Frisch gemahlener Pfeffer
- Kräuter der Provence
- Knoblauchpulver
- ½ Tasse Rinderbrühe
- ¼ Tasse Rotwein (optional, verleiht aber einen intensiveren Geschmack)
- Butter, Ghee oder Kokosöl

Anweisungen

1. Den Braten großzügig mit Meersalz, Pfeffer, Knoblauchpulver und Kräutern der Provence würzen.
2. Erhitzen Sie eine gusseiserne Pfanne bei mittlerer/hoher Hitze.

3. Wenn die Pfanne heiß ist, fügen Sie so viel Butter, Ghee oder Kokosöl hinzu, dass der Boden der Pfanne leicht bedeckt ist.
4. Legen Sie den Braten in die Pfanne und bräunen Sie die erste Seite an, drehen Sie ihn um und bräunen Sie die zweite Seite (normalerweise etwa 4–5 Minuten pro Seite). Geben Sie dann das Fleisch in den Slow Cooker und fügen Sie Brühe und Wein hinzu.
5. Schalotten und Karotten in den Topf geben und mit Meersalz, frisch gemahlenem Pfeffer und Kräutern der Provence bestreuen.
6. Setzen Sie den Deckel auf den Schmortopf und kochen Sie ihn entweder 4 Stunden lang auf höchster Stufe oder 8 Stunden lang auf niedriger Stufe. Rindfleisch gegen die Faser aufschneiden und servieren.

Slow Cooker BBQ Chicken

Zutaten

- 3 Hähnchenbrüste (ca. 1,5–2 Pfund)
- 1,5–2 Tassen Ihrer Lieblings-BBQ-Sauce (hier ist meine)
- 4-8 EL Butter (das hängt ganz von Ihrem Geschmack ab. Wir mögen viel Fett in unseren Mahlzeiten.)
- 3/4 Tasse Wasser

Richtungen

1. Gießen Sie Wasser in den Slow Cooker und legen Sie die Hähnchenbrust darauf.
2. Die Hähnchenbrust mit BBQ-Sauce übergießen und mit Butter belegen.
3. 6 Stunden lang auf niedriger Stufe kochen.
4. Hähnchen mit einer Gabel zerkleinern und gründlich vermischen, um es mit der BBQ-Sauce zu bestreichen.
5. Für ein Sandwich aufs Brot legen oder alleine essen.

Tante Beulahs Saucy Chicken im Crockpot

Zutaten

- 1,5 Tassen Wasser
- 2 Esslöffel Mehl (ich verwende Reismehl, aber Sie können Ihr Lieblingsverdickungsmittel verwenden (verschiedene Mehle und Stärken würden höchstwahrscheinlich alle gut funktionieren))
- 2 Esslöffel Butter
- 1 Dose Tomatenmark (klein)
- 3 Esslöffel Essig
- 1 Teelöffel Worcestershire-Sauce
- 3 Teelöffel Chilipulver
- ¼ Teelöffel Zimt
- ½ Tasse Honig
- ¼ Teelöffel Nelken
- 6-8 Stück Hähnchen (am besten eignen sich Brüste oder Schenkel, es reicht aber auch jedes Stück)

Anweisungen

1. Geben Sie Wasser und Hühnchen in den Crockpot und schalten Sie ihn ein.
2. Schütteln Sie das Reismehl in einem abgedeckten Behälter (z. B. einem Einmachglas mit Deckel) und vermischen Sie es mit etwas Wasser – etwa ⅓ Tasse oder so. Dies verhindert Klumpenbildung, wenn Sie es in den Topf geben.

3. Reismehl-Wasser-Mischung und alle anderen Zutaten hinzufügen.
4. Gut umrühren und darauf achten, dass das Hähnchen mit Soße bedeckt ist.
5. 6–8 Stunden auf niedriger Stufe kochen lassen (oder gemäß den üblichen Zeiten Ihres Schmortopfs).
6. Gelegentlich umrühren, um das Huhn während des Garens mit der Soße zu überziehen.
7. Mit Reis servieren, mit viel pikanter Köstlichkeit.

Ananas-Rindfleisch

Zutaten

- 1 grasgefütterter Rinderbraten, etwa 3 Pfund
- 2 Esslöffel Weidebutter, Ghee oder Fett Ihrer Wahl {Sehen Sie in meinem Shop nach, welche Marken ich verwende}
- 1 mittelgroße Bio-Ananas
- 1 Tasse ungefilterter Bio-Apfelessig
- 1 Tasse gefiltertes Wasser
- 1/2 Tasse Kokos-Aminosäuren
- 1/4 Tasse Bio-Ahornsirup Klasse B oder roher Honig
- 3 frische Knoblauchzehen
- 1 Teelöffel getrockneter Thymian
- 1 Teelöffel Kurkuma
- 1 Teelöffel unraffiniertes Meersalz {Die von mir verwendeten Marken finden Sie in meinem Shop}
- 1 Astragaluswurzel {optional}
- 1 Streifen Kombu {optional}

Anweisungen

1. Die Außenseite der Ananas waschen. Legen Sie die Ananas mit einem scharfen Kochmesser auf die Seite und schneiden Sie die Ober- und Unterseite der Frucht ab.

2. Stellen Sie die Ananas aufrecht hin und schneiden Sie die äußere harte Schale der Ananas ab. Die Ananas halbieren.

3. Die Ananas vierteln.

4. Den Kern aus den Scheiben entfernen und die Ananasscheiben in Stücke schneiden.
5. Geben Sie Ananas, Apfelessig, Kokosnuss-Aminosäuren, Ahornsirup oder Honig, Knoblauch, Thymian, Kurkuma und Meersalz in einen Mixer.

6. Pürieren, bis alles püriert ist und keine Ananasstücke mehr übrig sind. Bei Bedarf 1 Tasse Wasser in den Mixer geben. Beiseite legen.

7. Fett Ihrer Wahl in einem großen Topf bei mittlerer bis hoher Hitze etwa 1 Minute lang schmelzen, bis die Pfanne heiß ist.

8. Geben Sie den Braten in die Pfanne und braten Sie ihn auf jeder Seite etwa 3 bis 5 Minuten pro Seite an, bis er braun ist.

9. Nehmen Sie den Braten aus dem Topf und legen Sie ihn auf den Boden des Slow Cookers.

10. Lassen Sie den Topf auf dem Herd und geben Sie zum Ablöschen etwa 1 Tasse der Ananasmischung hinzu.

11. Mit einem Holzspatel alle braunen Reste vom Pfannenboden abschaben.
12. Gießen Sie die Pfannensoße über den Braten im Slow Cooker.

13. Geben Sie die restliche Ananasmischung und 1 Tasse Wasser in den Slow Cooker.

14. Das Fleisch sollte fast von der Flüssigkeit bedeckt sein.

15. Fügen Sie der Flüssigkeit optional einen Streifen Astragalwurzel + Kombu hinzu.

16. Decken Sie den Slow Cooker ab und lassen Sie das Fleisch 5 bis 6 Stunden lang auf höchster Stufe (oder 7 bis 8 Stunden lang auf niedriger Stufe) garen, bis das Rindfleisch zart ist und sich leicht auseinanderziehen lässt.
17. Legen Sie den Rinderbraten auf ein Schneidebrett und zerkleinern Sie ihn mit zwei Gabeln oder verwenden Sie ein hochwertiges Küchenmesser und schneiden Sie ihn in rustikale Stücke, wobei Sie beim Schneiden das Rindfleisch zerkleinern.

18. Mit reduzierter pikanter Ananassauce und Ihren Lieblingszutaten servieren!

Herzhaftes Schweinefilet im Schongarer

Autor: K Milliron

Zutaten

- 2 bis 2½ Pfund Schweinefilet, alles sichtbare Fett entfernt. aufgetaut
- 1½ Tassen Pilzcremesuppe oder 1 Dose Bio-Pilzcremesuppe
- 2 EL brauner Senf oder Dijon-Senf
- 2 EL gehackte Zwiebel
- 4-5 Knoblauchzehen, fein gehackt
- 3 TL Kokosnuss-Aminosäuren oder fermentierte Sojasauce
- 1 TL Kräuter der Provence
- ¼ TL gemahlener Pfeffer
- 1 TL unraffiniertes Meersalz

Anweisungen

1. Besprühen Sie den Schmortopf mit Bio-Olivenöl-Kochspray.
2. Schweinefilet in den Topf geben.
3. Die restlichen Zutaten in eine kleine Schüssel geben und gut vermischen.
4. Über das Schweinefleisch gießen.
5. 6-7 Minuten auf niedriger Stufe kochen.

Cremiges Slow Cooker-Kokos-Curry-Hähnchen

Angepasst von:www.becomingness.com.au

- 2-2/12 Pfund Bio-Hähnchenschenkel ohne Knochen, in Stücke geschnitten
- 1 EL Kokosöl
- 1 mittelgroße gelbe Zwiebel, gehackt
- 4 Knoblauchzehen, zerdrückt
- 1 15-Unzen-Dose vollfette Kokosmilch
- 1 kleine Dose Tomatenmark
- 2 TL Garam Masala
- 1 TL Currypulver
- 1 TL Chilipulver
- 2 EL Tapiokamehl
- Meersalz und schwarzer Pfeffer nach Geschmack
- 1 Frühlingszwiebel, in dünne Scheiben geschnitten, zum Garnieren
- Das Hähnchen mit Salz und Pfeffer würzen. Legen Sie es in den Slow Cooker.

Anweisungen

Soße zubereiten:

1. In einer mittelgroßen Pfanne das Kokosöl bei mittlerer Hitze erhitzen.
2. Zwiebel und Knoblauch hinzufügen und unter häufigem Rühren etwa 3 Minuten kochen lassen.
3. Kokosmilch, Tomatenmark und alle Gewürze einrühren.
4. Reduzieren Sie die Hitze auf eine niedrige Stufe und rühren Sie das Mehl unter, bis die Klumpen verschwunden sind.
5. 5 Minuten köcheln lassen.
6. Gießen Sie die Sauce über das Huhn im Slow Cooker und rühren Sie um, bis es bedeckt ist. 5 Stunden auf niedriger Stufe garen.
7. In Schüsseln verteilen und mit geschnittenen Frühlingszwiebeln belegen. Genießen!

Super einfaches Slow Cooker-Hähnchen

Zutaten

- 3–4 Pfund, ganzes Huhn etwa 3,5 Pfund
- 1 große Zwiebel grob gehackt
- 2 TL Salz
- 4-5 Knoblauchzehen in die Hähnchenhöhle und/oder unter die Haut stecken
- 2 TL Paprika
- 1 TL Knoblauchpulver
- 1 TL gemahlener Pfeffer
- 2 TL Oregano

Anweisungen

1. Hähnchen waschen und trocknen (bei Bedarf unbedingt Hals und Innereien entfernen).
2. Gehackte Zwiebeln auf den Boden des Slow Cookers legen.
3. Gewürze in einer kleinen Schüssel vermischen. Geben Sie die Gewürzmischung über das Huhn und sogar unter die Haut.
4. Legen Sie die Hähnchenbrust mit der Seite nach oben in den Slow Cooker. Es wird keine Flüssigkeit benötigt. Während die Zwiebeln karamellisieren, bildet das Huhn die Soße über den Zwiebeln.
5. Abdecken und hochdrehen. 4 bis 5 Stunden kochen lassen. Begießen Sie es, wenn Sie möchten.

Knoblauchbraten (mit Gras gefüttert) Rinderbraten

Zutaten:

- 1 Rinderbraten
- 4 Knoblauchzehen
- 2 EL Apfelessig (macht das Fleisch zart)
- Salz und Pfeffer
- Knoblauchbraten (mit Gras gefüttert) Rinderbraten | Real Food RN

Richtungen

1. In einer heißen Pfanne den Braten von allen Seiten (außer der Oberseite) scharf anbraten.
2. Geben Sie das Fleisch in den Schmortopf und fügen Sie gerade so viel Wasser hinzu, dass die Oberseite des Fleisches frei bleibt. Schneiden Sie den Knoblauch in Scheiben und verteilen Sie ihn auf dem Braten.
3. Mit Salz und Pfeffer bestreuen
4. Ich lasse die Oberseite gerne ungebraten und nicht mit Wasser bedecken, damit sie mit dem Knoblauch obenauf wirklich den Geschmack von geröstetem Knoblauch annimmt
5. Kochen Sie das Rindfleisch auf hoher Stufe, bis es Blasen bildet, und drehen Sie es dann 4 Stunden lang auf niedrige Stufe, oder bis ein Fleischthermometer 150 °F anzeigt
6. In Scheiben schneiden und servieren

7. Verwenden Sie die Flüssigkeit im Schmortopf als Suppenbrühe (die Brühe lässt sich sehr gut einfrieren!)

Grünes Tomaten-Curry mit Butterblumenkürbis und Hühnchen im Slow Cooker

Zutaten

- 1 große Hähnchenbrust ¾ Tasse (6 Unzen)
- Naturjoghurt (hier könnte griechischer Joghurt verwendet werden)
- 2 Teelöffel Kreuzkümmel
- 2 Teelöffel Koriander
- 2¾ Teelöffel koscheres Salz
- 4 Esslöffel Butter
- 1½ Tassen gehackte Zwiebel
- 4 Tassen geschälter, gewürfelter Butterblumenkürbis (oder alternativ Butternusskürbis)
- 1 geröstete grüne Chilischote
- 3 Knoblauchzehen, gehackt
- 2 Teelöffel gehackter Ingwer
- 3 Esslöffel Garam Masala
- 4 Tassen gehackte grüne Tomaten
- 1 Esslöffel Rohzucker
- 1 Unze Dose Kokosmilch
- 1 Esslöffel Maisstärke, frischer Koriander,
- Heiß gekochter Basmatireis,

- Apfel-Feigen-Chutney
- Warmes Naan zum Servieren

Methode

1. Hähnchen in mundgerechte Stücke schneiden, mit Joghurt, Kreuzkümmel, Koriander vermischen, ¾ Teelöffel Salz und 6 Stunden oder über Nacht im Kühlschrank marinieren.
2. In einer sehr großen Pfanne (meine ist 12 Zoll) bei mittlerer Hitze 2 Esslöffel Butter schmelzen. Braten Sie das Hähnchen in Butter an, bis es braun ist, und geben Sie es dann in einen Slow Cooker.
3. Geben Sie die restliche Butter in die Pfanne und braten Sie die Zwiebel und den Kürbis an, bis die Zwiebel weich wird – bei mir etwa 5 bis 8 Minuten.
4. Gehacktes Chili, Knoblauch, Ingwer, die restlichen 2 Teelöffel Salz und Garam Masala in die Pfanne geben und anbraten, bis es duftet. Die grünen Tomaten und den Zucker in die Pfanne rühren.
5. Zum Kochen bringen und 5 Minuten köcheln lassen, bevor alles in den Slow Cooker auf dem Huhn gegeben wird.
6. Abdecken, das verdammte Ding einstecken, auf NIEDRIG stellen und 4 bis 5 Stunden kochen lassen.
7. Beginnen Sie irgendwann mit dem Basmatireis (ich verbrenne Reis, also benutze ich meinen Reiskocher und lasse meinen Diener den Reis zubereiten) und heizen Sie den Ofen vor, um etwas Naan zu erwärmen.
8. Vergessen Sie nicht das Apfel-Feigen-Chutney aus der Kühlschranktür!
9. Etwa 15 bis 30 Minuten vor dem Servieren die Kokosmilch mit der Maisstärke in einer kleinen Schüssel vermischen. Das Curry im Slow Cooker unterrühren und erhitzen, bis es zu sprudeln und einzudicken beginnt.

Kohlspaghetti

Zutaten

- 1 Kohlkopf
- 1 Glas Spaghettisauce
- 1 Pfund gekochtes Rindfleisch

Richtungen

1. Den Kohl in dünne Scheiben schneiden. Ich schneide den Kohl in der Mitte ein und schneide ihn dann in dünne Scheiben. Sie möchten, dass es dünn wie Spaghetti/Fettuccine ist

2. Kohl, Spaghettisauce und Rindfleisch in den Schmortopf geben. Alle Zutaten gut vermischen.

3. Stellen Sie den Schmortopf auf die niedrige Stufe und kochen Sie ihn 10 Stunden lang.

Slow Cooker Beef Stroganoff

Autor: K Milliron

Zutaten

- 1½ bis 2 Pfund mageres Rindfleisch, gewürfelt (Auge vom runden Braten, Lendenstück oder oberer runder Braten)
- ¼ Tasse gekeimtes Vollkornmehl oder Pfeilwurzpulver
- ½ TL Meersalz
- ⅛ TL schwarzer Pfeffer
- 1 mittelgroße Zwiebel, gehackt
- 8 Unzen. Packung Pilze, in Scheiben geschnitten
- 2-3 Knoblauchzehen, gehackt
- 8 Unzen Knochenbrühe oder hausgemachte Rinderbrühe
- 1 Tasse Sauerrahm
- ½ TL Oregano

Anweisungen

1. Besprühen Sie den Topf mit Bio-Olivenöl extra vergine
2. Alle Zutaten außer Sauerrahm in den Topf geben
3. 8–9 Stunden auf niedriger Stufe kochen lassen.
4. Minuten vor dem Servieren die saure Sahne hinzufügen.

Slow Cooker Kirsch-Balsamico-Hähnchen

Autor: Happy Healthnut

Zutaten

- 1 ganzes 4-5 Pfund schweres Huhn, Innereien entfernt
- 1 Zwiebel, geschält und geviertelt
- 2 Pfund Karotten, geschält und in 2 Zoll große Stücke geschnitten
- ¼ Tasse Balsamico-Essig
- ¼ Tasse getrocknete Kirschen
- Schale und Saft von 1 Orange
- 2 EL Kräuter der Provence
- Meersalz und schwarzer Pfeffer nach Geschmack

Anweisungen

1. Legen Sie die geviertelte Zwiebel auf den Boden des Slow Cookers
2. Tupfen Sie das Hähnchen trocken und würzen Sie es großzügig mit Meersalz und Pfeffer. Achten Sie darauf, dass die Würze im Hohlraum und zwischen der Haut und dem Fleisch erfolgt
3. Das Hähnchen mit den Kräutern der Provence würzen und den Vogel damit einreiben
4. Legen Sie das Huhn in den Slow Cooker und verwenden Sie die Zwiebeln als Bett

5. Schälen Sie die Orange über dem Huhn ab, drücken Sie dann den Saft in den Slow Cooker und geben Sie einfach den Rest der Orange in den Slow Cooker
6. Balsamico-Essig, Kirschen und Karotten in den Slow Cooker geben
7. Setzen Sie den Deckel auf und lassen Sie das Gericht 3–4 Stunden lang auf höchster Stufe oder 7–8 Stunden lang auf niedriger Stufe garen

Slow Cooker-Rindfleisch mit Brennnesseln und Astragalus

Zutaten

- 2 ½ bis 3 Pfund Rindereintopffleisch, wenn möglich aus grasgefütterten Tieren und aus biologischem Anbau
- ¼ bis ½ Tasse getrocknetes Brennnesselblatt
- 4 bis 8 Scheiben Astragaluswurzel

- 28-Unzen-Dose oder Glas Tomaten. Wenn Sie Dosen verwenden, achten Sie darauf, dass die Auskleidung der Dose BPA-frei ist
- 1 große Zwiebel, gehackt
- 4 bis 6 oder mehr Knoblauchzehen, gehackt oder 1 EL getrocknet
- 6 bis 8 Karotten
- 4 bis 6 Kartoffeln, Süßkartoffeln, Süßkartoffeln oder eine Mischung
- Salz und Pfeffer
- 2 bis 3 Lorbeerblätter
- 1 Teelöffel. Thymian
- Wenn Sie möchten, können Sie frische Kräuter oder Gemüse darüber geben.

Methode

1. Legen Sie das Eintopffleisch in Ihren Slow Cooker und beginnen Sie, die Zutaten darauf zu schichten.

2. 8 Stunden auf niedriger Stufe kochen und servieren!

Cremiges Hühnchen

Zutaten

- Ein ganzes ungekochtes Huhn
- Zweig frischer Rosmarin
- 2 Esslöffel Ghee oder Butter
- Meersalz
- Pfeffer
- Gewürzsalz

Anweisungen

1. Legen Sie das Hähnchen (entweder ganz, mit der Brust nach oben oder in Stücken) in den Schmortopf. Spülen ist nicht notwendig.
2. Mit Meersalz, Pfeffer und ggf. Gewürzsalz bestreuen.
3. Bei Bedarf Rosmarin darauflegen.
4. 5 Stunden auf höchster Stufe oder 8 Stunden auf niedriger Stufe garen. Sie können dies auch über Nacht auf niedriger Stufe tun.
5. Wenn Sie fertig sind, nehmen Sie Ihre große Schüssel, Ihren Teller und den Behälter in Quart-Größe und stellen Sie alles in die Nähe des Topftopfs.
6. Nehmen Sie nun das Huhn aus dem Schmortopf und machen Sie drei Schritte: Geben Sie das Fleisch in die große Schüssel, die Knochen auf den Teller und die gesamte Haut, das Weichgewebe/Knorpel und die Organe in das Quartglas.

7. Normalerweise brauche ich dafür etwa 5-10 Minuten. Stellen Sie sicher, dass keine Knochen im Glas landen!!!
8. Nachdem nun alles getrennt ist, ist es Zeit, Ihre Soße zuzubereiten.
9. Fügen Sie das Ghee oder die Butter (falls verwendet), 1/2 Teelöffel Meersalz (oder mehr nach Geschmack), 1/2 Teelöffel Pfeffer (oder mehr nach Geschmack), 1/2 Teelöffel Gewürzsalz (Sie haben es schon verstanden) und so weiter hinzu 1 Tasse Hühnerbrühe, die im Topf übrig geblieben ist.
10. Jetzt mixen, Baby! Etwa 30 Sekunden auf höchster Stufe mit Ihrem Stabmixer sollten genügen. Wenn Sie möchten, können Sie die Soße noch verdünnen, indem Sie mehr Brühe hinzufügen.
11. (Wenn Sie keinen Stabmixer haben, könnte auch ein normaler Mixer, ein Hochgeschwindigkeitsmixer oder eine Küchenmaschine funktionieren.)
12. Die Soße über das Hähnchen gießen und gut vermischen, dabei die größeren Stücke mit einer Gabel zerkleinern.
13. Ta-da! Einfaches cremiges Hühnchen. Und habe ich erwähnt, dass es gut für dich war? Einfaches Crock-Pot-Abendessen.

Griechisches Hähnchen-Taco-Fleisch aus dem Slow Cooker mit Avocado-Feta-Dip

Zutaten

- 1 Packung Hähnchenbrust ohne Knochen und ohne Haut (2 riesige Brüste, etwas mehr als ein Pfund Fleisch)

- 1 Zwiebel, etwa 3/4 Tasse gewürfelt

- 1/2 Tasse marinierte Artischockenherzen, klein gehackt

- 3/4 Tasse Marinade aus einem Glas Artischocken

- 1 Teelöffel Pampered Chef-Dillmischung (oder eine beliebige Dill-Gewürzmischung)

- 1/2 Teelöffel Rosmarin/Knoblauch-Gewürzmischung für den Brot-Dip (oder getrockneter Rosmarin und gehackter Knoblauch)

- 2 Goldbarrenwürfel

- Schale und Saft von 1 Zitrone

- 3/4 Tasse (6 Unzen) griechischer Naturjoghurt

- 1/4 Tasse gehackte Oliven (ich habe grüne verwendet)
- 1 Esslöffel Olivensaft aus dem Glas
- 2 Avocados
- 1/2 Tasse zerbröselter Feta-Käse
- 1/4 Tasse gehackte Zwiebel
- 1 Esslöffel fein gehackte Jalapeño
- 1/2 Tasse gehackte Petersilie
- 2 Esslöffel gehackter Oregano
- Saft von 1 Zitrone
- eine großzügige Prise koscheres Salz

Anweisungen

1. Geben Sie das Hähnchen, die Zwiebeln, die Artischockenherzen + Marinade, die Dill- und Rosmaringewürze, den Knoblauch und die Zwiebelwürfel in den Slow Cooker.

2. Die gesamte Zitrone abreiben, dann halbieren und den Saft aus beiden Hälften in den Slow Cooker pressen.

3. Denken Sie daran, das verdammte Ding auf „Low" zu stellen und es anzuschließen (im Ernst, legen Sie Ihre Autoschlüssel daneben, wenn Sie es aufstellen, damit Sie überprüfen können, ob es tatsächlich funktioniert, bevor Sie aus der Tür fliegen).
4. Nehmen Sie das Hähnchen nach 6 Stunden auf niedriger Stufe aus dem Slow Cooker und zerkleinern Sie es mit zwei Gabeln.

5. Die verbleibende Flüssigkeit abseihen – die Feststoffe und das Huhn zurück in den Slow Cooker geben und die Flüssigkeit beiseite stellen.

6. Joghurt, Oliven und Olivensaft mit dem Hühnchen verrühren und 2 bis 4 Unzen (1/4 bis 1/2 Tasse) der beiseite gestellten Flüssigkeit hinzufügen, bis das Fleisch nach Ihren Wünschen feucht ist.
7. Servieren Sie das Hähnchen über Reis, auf einem Tortillaaufstrich mit Avocado-Feta-Dip oder auf einem Salatbett. Mit gehackten roten Zwiebeln und grünen Oliven belegen.

Wurstgewürz

Autor: Hannah Hepworth @ Delicious Obsessions

Zutaten

- 1 Pfund Hackfleisch
- ½ t. Paprika
- ¾ t. Salz
- ½ t. Zwiebelpulver
- ½ t. Knoblauchpulver
- ½ t. Basilikum
- ½ t. Oregano
- ½ t. Fenchelsamen (optional) Eine Prise Rosmarin, Salbei und Thymian (oder Geflügelgewürz)

Anweisungen

1. Über das Fleisch streuen und die Gewürze mit einem Löffel oder den Händen in das Fleisch einarbeiten.
2. Fügen Sie es dann zu dem gewünschten Gericht hinzu.
3. Sie können Pastetchen formen und sie in einem Frühstückssandwich verwenden oder sie kochen und zu Lasagne, Suppen oder was auch immer Sie benötigen, hinzufügen.

Doppelter oder dreifacher Schmorbraten

Zutaten

- 1 Chuck Roast 4–6 Pfund, ohne oder mit Knochen
- 2 Tassen pürierte Tomaten und/oder Brühe Ich liebe es, meine gefrorenen pürierten Tomaten aus meinem Sommerangebot zu verwenden
- 1 Zwiebel groß – in Ringe geschnitten
- 2 EL mineralreiches Salz Ich liebe Himalaya-Salz
- 8 Knoblauchzehen oder mehr!
- 1 EL gemahlener schwarzer Pfeffer
- Optional: Karotten in den letzten 45 Minuten hinzufügen
- optional Pastinaken-Einwurf in den letzten 45 Minuten
- optionale Pilze in den letzten 45 Minuten hinzufügen
- optionaler Zucchini-Einwurf in den letzten 45 Minuten

Anweisungen

1. In Scheiben geschnittene Zwiebeln auf den Boden des Slow Cookers legen.
2. Den Schmorbraten auf die Zwiebeln geben. Fügen Sie Gewürze, Flüssigkeit und Knoblauch rund um das Fleisch hinzu.
3. Abdecken und bei niedriger Temperatur 8–10 Stunden garen, bis es weich ist. Das Fleisch mit der Soße darüber servieren.

Indisches Lammhack-Curry

Autor: Ashley Thomas

Zutaten

- 2 Esslöffel grasgefüttertes Bio-Ghee
- 1 Pfund Lammhackfleisch
- 1 Tasse Erbsen
- 2 Kartoffeln, gehackt
- 3 Karotten, gehackt
- 1 Zwiebel, gewürfelt
- 4 Knoblauchzehen, gehackt
- 1 Zoll frischer Ingwer, gehackt
- 1-2 Serrano-Paprika (je nach Geschmack anpassen)
- 4 Tomaten, gehackt
- 1 Esslöffel Korianderpulver
- 1 Teelöffel Paprika
- 1 Teelöffel Fleisch-Masala
- ½ Teelöffel Kreuzkümmelpulver
- ½ Teelöffel Kashmiri-Chilipulver (oder Cayennepfeffer)
- ¼ Teelöffel Kurkumapulver
- 1 Teelöffel Salz
- ½ Teelöffel frisch gemahlener schwarzer Pfeffer

- 1 Tasse Bio-Tomatensauce
- optional: Koriander zum Garnieren

Anweisungen

Anweisungen

1. Ghee in einem Topf bei mittlerer Hitze schmelzen und die Zwiebeln darin goldbraun anbraten.
2. Ingwer, Knoblauch und Serrano-Pfeffer hinzufügen. Eine Minute lang anbraten und dann die Tomaten hinzufügen. Pfanne 5 Minuten lang abdecken.
3. Gewürze hinzufügen und eine Minute lang braten, dann das Lammhackfleisch hinzufügen.
4. Sobald das Fleisch vollständig gebräunt ist, geben Sie es zusammen mit Erbsen, Karotten, Kartoffeln und Tomatensauce in Ihren Slow Cooker.
5. 4–5 Stunden auf niedriger Stufe garen.

Slow Cooker Hähnchen mit Knoblauchbutter und Frischkäsesauce

Für das Knoblauchhähnchen

- 2–2,5 Pfund Hähnchenbrust
- 1 Stück Butter
- 8 Knoblauchzehen, halbiert, um den Geschmack freizusetzen
- 1,5 TL Salz
- Optional – 1 geschnittene Zwiebel

Für die Frischkäsesauce

- 8 Unzen Frischkäse
- 1 Tasse Hühnerbrühe (ich verwende die Flüssigkeit, die nach dem Herausnehmen des Huhns im Slow Cooker übrig bleibt.)
- Salz nach Geschmack

Für das Knoblauchhähnchen

1. Legen Sie das Hähnchen (aufgetaut) in den Slow Cooker.
2. Geben Sie die Butter in den Slow Cooker.
3. Geben Sie den Knoblauch in den Slow Cooker und verteilen Sie ihn so, dass nicht alles an einer Stelle liegt.
4. Mit Salz bestreuen.
5. 6 Stunden lang auf niedriger Stufe kochen.
6. Herausnehmen und auf eine Servierplatte legen.

Für die Frischkäsesauce

1. Geben Sie die Tasse Hühnerbrühe (oder die Flüssigkeit aus dem Slow Cooker) in einen Topf.
2. Frischkäse und Salz hinzufügen.
3. Bei mittlerer bis niedriger Hitze kochen, bis die Sauce vermischt und cremig ist.
4. Über das Huhn gießen.

Slow-Cooker Salsa Chicken (GF)

Zutaten

- 1 1/2 Tassen Kichererbsen (entweder eingeweicht und gekocht oder aus der Dose)
- 1 1/2 Tassen gekochte schwarze Bohnen (entweder eingeweicht und gekocht oder aus der Dose)
- 1 1/2 Tassen Maiskörner
- 1 Tasse hausgemachte Salsa (oder werfen Sie einfach alle Zutaten in den Slow-Cooker)
- 1/2 Tasse Salsa Verde
- 1 Pfund ungekochtes Hühnchen (beliebige Stücke)
- 1/4 Tasse Koriander, gehackt

Anweisungen

1. Geben Sie alle Zutaten in einen 6-Liter-Slow-Cooker. Auf niedrige Stufe stellen und 4–6 Stunden kochen lassen. Auf einem Reisbett oder mit einer Beilage aus GF-Maisbrot oder warmen Tortillas servieren.

Slow Cooker Braten

Zutaten

- 3–4 Pfund Braten
- 3 TL Salz
- 3 TL Knoblauchpulver
- 3 TL Zwiebelpulver
- 8 EL Butter
- 1 Tasse Wasser

Anweisungen

1. Gießen Sie Wasser auf den Boden des Slow Cookers und legen Sie den Braten in den Slow Cooker.
2. Mit Salz, Knoblauchpulver und Zwiebelpulver bestreuen.
3. Butterstücke auf den Braten legen.
4. 6 Stunden lang auf niedriger Stufe kochen.

Pulled Pork nach indischer Art

Autor: Ashley Thomas

Zutaten

- Den Braten würzen
- 3 Pfund Schweineschulterbraten
- 1 TL Salz
- ½ TL schwarzer Pfeffer
- ½ TL Kurkuma
- Gewürzte Tomatensauce:
- 2 EL grasgefüttertes Bio-Ghee
- 1 rote Zwiebel, gewürfelt (~2 Tassen)
- 1 ½ in Ingwer, gehackt
- 7-8 große Knoblauchzehen, gehackt
- 2 EL Korianderpulver
- 1½ TL Kashmiri-Chilipulver
- 1½ TL hausgemachtes Fleisch-Masala
- 1 15-Unzen-Dose Bio-Tomatensauce
- 1-2 EL Bio-Rohhonig
- ½ Tasse Wasser
- Salz und Pfeffer nach Geschmack

Anweisungen

1. Spülen Sie das Fleisch ab und trocknen Sie es anschließend mit einem Papiertuch ab.
2. Geben Sie das Schweinefleisch in den Schmortopf und würzen Sie es von beiden Seiten mit Salz, Pfeffer und Kurkuma – lassen Sie es ruhen, während Sie die Soße zubereiten.
3. 2 EL Ghee in einer Pfanne erhitzen und rote Zwiebeln hinzufügen. Sobald die Zwiebeln braun werden (wirklich braun), fügen Sie Ingwer, Knoblauch und die Gewürze hinzu. Einige Minuten rühren.
4. Die Dose Tomatensauce hinzufügen. Etwa 5 Minuten rühren und dann den Honig einrühren.
5. Fügen Sie der Soße eine halbe Tasse Wasser hinzu und geben Sie die Soße dann auf das Schweinefleisch im Schmortopf.
6. 4 Stunden lang auf höchster Stufe kochen (oder 6–8 Stunden lang auf niedriger Stufe).

Geschmortes Lammfleisch mit Kräutern der Provence

von Amy Love, Real Food Whole Health

Zutaten

- Weidelamm (2-3 Haxen oder halbe Keulen (passend für den Slow Cooker), großer Braten, Schulter oder anderes geschnittenes Lamm mit Knochen bevorzugt, aber auch ohne möglich, auch gewürfeltes Lamm geht, allerdings verkürzt sich die Garzeit)
- Gewürzmischung aus Kräutern der Provence
- Unraffiniertes Meersalz und frisch gemahlener schwarzer Pfeffer
- Großes Bündel Bio-Karotten, in 2–3 Zoll große Stücke geschnitten
- 1 große Bio-Zwiebel, grob gehackt
- 2-3 Zehen Bio-Knoblauch, geschält und zerdrückt
- 1 Pfund gemischte Bio-Pilze
- 1 Tasse Rotwein (oder Brühe/Brühe oder Wasser)
- Spritzer Rotweinessig (optional – wenn Sie Lammfleisch mit Knochen verwenden, hilft Essig dabei, das Bratenfett reichhaltiger zu machen)

Richtungen:

1. Würzen Sie das Lamm einfach mit einer großzügigen Menge unraffiniertem Meersalz und frisch gemahlenem schwarzem Pfeffer und bestreichen Sie es anschließend gründlich mit Kräutern der Provence. In den Slow Cooker geben.
2. Das Lamm mit Karotten, Zwiebeln, Knoblauch und Pilzen bestreuen.
3. Geben Sie einen Schuss Rotweinessig zum Lamm und fügen Sie die Flüssigkeit Ihrer Wahl (Wein, Brühe oder Wasser) hinzu.
4. Setzen Sie den Deckel auf den Slow Cooker und stellen Sie ihn für etwa 8 Stunden auf die niedrigste Stufe. (oder 2 Stunden lang hoch und 4 Stunden lang niedrig)

5. Die Zeit kann je nach Herd und je nach Größe und Menge der Lammstücke variieren.

Für die Pfannensauce

Bratenfett vom Lamm

- 1 TBL Pfeilwurzpulver (oder organische, gentechnikfreie Maisstärke oder Tapiokastärke)
- Gefiltertes Wasser oder etwas Rotwein
- 1 EL frischer Thymian, Blätter von den Stielen entfernt
- Unraffiniertes Meersalz und frisch gemahlener schwarzer Pfeffer
- 1 Stück Weidenbutter, optional

Anweisungen

1. Die Lammstücke aus dem Slow Cooker nehmen und auf einer Servierplatte anrichten.
2. Entfernen Sie das Gemüse und legen Sie es um das Lamm herum.
3. Bewahren Sie alle Knochen für die Zubereitung von Brühe/Brühe zu einem späteren Zeitpunkt auf.
4. Gießen Sie den Saft/Tropfensaft aus dem Slow Cooker vorsichtig in einen mittelgroßen Topf und stellen Sie den Topf bei mittlerer Hitze auf den Herd.
5. Mischen Sie in einer separaten kleinen Schüssel oder Auflaufform Pfeilwurzpulver mit ausreichend gefiltertem Wasser oder Rotwein, um eine flüssige Paste zu erhalten.
6. Geben Sie diese Mischung zu den Bratenfetten in den Topf.
7. Lassen Sie die Mischung unter häufigem Rühren kochen, bis sie etwa auf die Hälfte reduziert ist (ca. 5 Minuten).
8. Fügen Sie frischen Thymian und Pfeffer hinzu.
9. Mit der Zugabe des Salzes bis zum Schluss warten, da sich der Salzgehalt der Soße mit zunehmender Reduzierung konzentriert.

10. Falls verwendet, Butter einrühren.
11. Abschmecken und die Gewürze entsprechend anpassen.
12. Über Lammfleisch und Gemüse auf der Platte verteilen.
13. Zusammen mit einem großen, einfach zubereiteten Salat und/oder geröstetem Spargel mit Butter und Zitrone servieren.

Crockpot Brathähnchen + „gebackene" Süßkartoffeln

Zutaten

- 1 ganzes Huhn
- Salz
- Pfeffer
- 4-5 kleine Süßkartoffeln (oder normale Kartoffeln)
- Oliven- oder Avocadoöl

Anweisungen

1. Die Süßkartoffeln waschen und trocknen, dann mit Öl einreiben und mit Salz bestreuen.
2. In Aluminiumfolie einwickeln und so weit auf den Boden des Schmortopfs legen, dass der Boden mit einer einzigen Schicht bedeckt ist.
3. Bestreuen Sie das Hähnchen großzügig mit Salz und Pfeffer (und allen anderen Gewürzen, die Sie sich wünschen – bei diesem habe ich es ganz einfach gemacht).
4. Auf eingewickelte Kartoffeln legen.

5. 4–6 Stunden auf niedriger Stufe kochen.
6. Dieses Fleisch zerfällt einfach, also habe ich, anstatt das ganze Hähnchen auf einmal herauszunehmen, einfach eine Gabel genommen, das Fleisch herausgenommen und beiseite gelegt.
7. Sobald Sie fertig sind, nehmen Sie die Kartoffeln vorsichtig heraus, entfernen Sie die Folie und essen Sie!

General Tsos langsam gegarte Schweinefleisch-Tacos mit Orangen-Brokkoli-Krautsalat

Zutaten

Schweinefleisch

- 2 Tassen Hühnerbrühe
- 1 (8oz.) Flasche Hoisinsauce
- ⅓ Tasse weißer Essig
- ¼ Tasse natriumreduzierte Sojasauce
- ¼ Tasse Kristallzucker
- ¼ Tasse Maisstärke
- 5 Knoblauchzehen, gehackt
- 3 Esslöffel frischer Ingwer, gehackt
- 1 Teelöffel rote Paprikaflocken
- 2½ Pfund Schweinefilet (oder jede Menge, die in Ihren Slow Cooker passt)

Krautsalat

- ⅔ Tasse Orangensaft
- ⅓ Tasse Olivenöl
- ½ Tasse frischer Koriander, gehackt
- 2 (10 Unzen) Packungen Brokkoli-Krautsalat (oder Kohl-Krautsalat)
- Weiche Tortillas

Anweisungen

1. Brühe, Hoisinsauce, Essig, Sojasauce, Zucker, Maisstärke, Knoblauch, Ingwer und rote Paprika im Slow Cooker verrühren, bis alles gut vermischt ist.
2. Geben Sie das Schweinefleisch in den Slow Cooker und geben Sie etwas Soße darüber. 6–8 Stunden auf niedriger Stufe kochen. Schweinefleisch aus dem Slow Cooker nehmen und mit 2 Gabeln zerkleinern. Legen Sie das Schweinefleisch in eine Servierschüssel und bestreichen Sie es mit der gewünschten Menge Soße aus dem Slow Cooker.
3. Während das Schweinefleisch kocht, verquirlen Sie Orangensaft, Olivenöl und Koriander in einer großen Schüssel. Brokkoli-Krautsalat unterrühren. Abdecken und bis zum Servieren im Kühlschrank aufbewahren.
4. Zum Servieren Tortillas mit Pulled Pork und Krautsalat belegen.

Sarson ka Saag

Zutaten

- 2 Esslöffel grasgefüttertes Ghee
- 1 rote Zwiebel, fein gehackt
- 2-Zoll-Knopf-Ingwer, gehackt
- 2 gehäufte Esslöffel oder 7 Knoblauchzehen, gehackt (ich habe meine Knoblauchpresse verwendet)
- 1-2 Serrano-Paprikaschoten, gehackt (entfernen Sie die Kerne/die Rippe, wenn Sie es nicht scharf mögen!)
- 2 Teelöffel Salz, je nach Geschmack anpassen
- 1 Teelöffel Korianderpulver
- 1 Teelöffel Kreuzkümmelpulver
- ½ Teelöffel Kurkumapulver
- ½ Teelöffel Kashmiri-Chilipulver (oder etwas weniger bei Verwendung von Cayennepfeffer)
- ½ Teelöffel frisch gemahlener schwarzer Pfeffer
- 1 Pfund (16 Unzen) frischer Babyspinat (großer Behälter), abgespült
- 1 Pfund (16 Unzen) gehackte Senfblätter (Strunk entfernt), abgespült
- später hinzufügen:
- 1 Esslöffel grasgefüttertes Ghee
- 1 Teelöffel Garam Masala
- Eine Prise Kasoori Methi (auch bekannt als Bockshornkleeblätter)
- grasgefüttertes Ghee

Anweisungen

1. Geben Sie 2 Esslöffel Ghee, Zwiebeln, Ingwer, Knoblauch, Serrano-Pfeffer und Gewürze in Ihren Topf. 1 Stunde auf höchste Stufe stellen.
2. Nehmen Sie sich während des Kochens einen sehr großen Topf. Den Senf und die Spinatblätter in den großen Topf geben – dann mit Wasser auffüllen (Topf nicht verschließen!•).
3. Den Topf zum Kochen bringen und 5 Minuten kochen lassen. Blätter abtropfen lassen und abkühlen lassen.
4. Nach dem Abkühlen die Blätter in einen Mixer geben und bis zur gewünschten Konsistenz mixen (bei Bedarf etwas Wasser hinzufügen, um das Mixen zu erleichtern).
5. Geben Sie die gemischten Blätter in Ihren Schmortopf, reduzieren Sie die Hitze auf eine niedrige Stufe, setzen Sie den Deckel auf und kochen Sie das Ganze zwei Stunden lang.
6. Nach 2 Stunden 1 Esslöffel Ghee, Garam Masala und eine Prise Kasoori-/Bockshornkleeblätter hinzufügen. Gut vermischen und eine weitere Stunde auf niedriger Stufe kochen lassen.
7. Servieren Sie diesen Saag mit einem gehäuften Löffel Ghee darüber!

Ananas Pulled Pork

Zutaten

- 1 1/2 Pfund Schweineschulter
- 1/2 Tasse frischer Bio-Ananassaft
- 1/2 Tasse Filterwasser
- 1 kleine Bio-Zwiebel, grob gewürfelt
- 3 Knoblauchzehen, in Scheiben geschnitten
- 1 Esslöffel Bio-Senf
- 1/2 Tasse laktofermentierter Ketchup
- 1/2 Teelöffel gemahlener Kreuzkümmel (wo man Kreuzkümmel kaufen kann)
- 2 Teelöffel Paprika (wo man Paprika kaufen kann)
- 2 Teelöffel Apfelessig (wo man Apfelessig kaufen kann)
- 1 Tasse Bio-Ananas, in mundgerechte Stücke gewürfelt

Anweisungen

1. Geben Sie in einem Slow-Cooker die gewürfelten Zwiebeln auf den Boden und legen Sie dann die Schweineschulter darauf. Ananassaft und Wasser hinzufügen
2. In einer kleinen Schüssel gewürfelten Knoblauch, Senf, Ketchup, Kreuzkümmel, Paprika und Essig vermischen. Nach dem Mischen auf die Schweineschulter auftragen. Stellen Sie den Slow-Cooker auf die höchste Stufe und kochen Sie ihn 5 Stunden lang (oder auf der niedrigen Stufe 7 Stunden lang).

3. Wenn noch eine Stunde Garzeit übrig ist, nehmen Sie die Schweineschulter heraus und zerkleinern Sie sie mit zwei Gabeln auf einem Schneidebrett. Mit den gewürfelten Ananasstücken zurück in den Topf geben und mit dem Saft vermischen.
4. Mit Ihren Lieblingszutaten servieren!

Hausgemachte Hausmannskost: Crock Pot-Nudelsauce

Zutaten

- 1 28 oz. Ganze geschälte Tomaten aus dem Glas/der Dose (ich habe Bio-Tomaten aus der Dose für einen Schnäppchenpreis bei Big Lots bekommen!)
- 3 EL. Natives Olivenöl extra
- 2 TL. gehackter Knoblauch
- 2 TL. gehacktes Basilikum (ich habe nur trockenes verwendet)
- Meersalz und Pfeffer nach Geschmack

Methode

1. Wenn Sie frischen Knoblauch verwenden, erhitzen Sie etwas Öl und den gesamten Knoblauch in einem Topf auf dem Herd, bis der Knoblauch goldbraun wird. Dann den Knoblauch in den Topf geben.
2. Öl in den Topf geben.
3. Tomaten in den Topf geben.
4. Basilikum in den Topf geben.
5. Salz in den Topf geben.
6. Pfeffer in den Topf geben.
7. Rühren Sie die Dinge ein wenig um.
8. Lassen Sie die Sauce 4 Stunden lang auf höchster Stufe kochen.

9. Genießen! Ich habe dieses Rezept für die Bilder, die Sie sehen, vervierfacht. Das meiste davon habe ich in Glas eingefroren

Slow Cooker Vindaloo mit Rind, Schwein, Huhn, Ziege oder Lamm

Zutaten

- 12 Knoblauchzehen
- 3" frischer Ingwer, gerieben
- 2 Esslöffel Currypulver
- 3 Esslöffel Senfkörner oder körniger Senf
- 1 1/2 Esslöffel Kreuzkümmel
- 1 1/2 Teelöffel Kardamom
- 1/2 Teelöffel gemahlene Nelken
- 1/8 Teelöffel rote Paprikaflocken, mehr nach Geschmack
- 1/4 Tasse Olivenöl
- 1/2 Tasse Weißweinessig oder Apfelessig
- 2 Pfund Schweinelende oder Schweineschulter, gewürfelt (kann durch Rind, Lamm, Huhn oder Ziege ersetzt werden)
- 1 sehr große Zwiebel, in Scheiben geschnitten
- 2 rote Paprika, in Streifen geschnitten (optional)
- 1 Pfund (ca. 2 Tassen) gedünstete oder gewürfelte Tomaten
- 1 Zimtstange
- 1 Teelöffel Meersalz
- Reis (gekeimt, Jasmin oder Basmati) zum Servieren
- Gehackter Koriander oder Petersilie zum Servieren

Anweisungen

1. Mahlen Sie Knoblauch, Ingwer, Gewürze, Olivenöl und Essig in einem Mixer zu einer Paste. Wenn die Paste zu dick zum Verarbeiten ist, fügen Sie eine kleine Menge Wasser oder Olivenöl hinzu.
2. Bedecken Sie den Boden des Slow Cookers mit den geschnittenen Zwiebeln und Paprika. Legen Sie das gewürfelte Schweinefleisch auf die Zwiebeln und gießen/verteilen Sie dann die Essig-Gewürzpaste auf dem Schweinefleisch. Tomaten, Zimtstange und Salz hinzufügen.
3. 7–8 Stunden auf niedriger Stufe oder 4–5 Stunden auf hoher Stufe garen.
4. Mit Reis und frisch gehacktem Koriander servieren.

Paleo Crock Pot Apfelbutter

Zutaten:

- 10 Äpfel geschält, entkernt und gewürfelt
- 1 EL Kürbiskuchengewürz
- 1 TL Vanille

Richtungen

1. Stellen Sie Ihren Topf auf höchste Stufe.
2. Geben Sie die Äpfel und das Kürbiskuchengewürz in Ihren Topf. Äpfel und Kürbiskuchengewürz vermischen.
3. Lassen Sie die Mischung 4 Stunden lang kochen und rühren Sie dabei gelegentlich um.
4. Nehmen Sie die Mischung aus dem Topf und geben Sie sie in einen Mixer. Die Mischung zu einer dickflüssigen Flüssigkeit pürieren.
5. Geben Sie die flüssige Mischung zurück in den Topf und rühren Sie Vanille ein.
6. Lassen Sie die Mischung weitere 4 Stunden auf höchster Stufe kochen und rühren Sie dabei jede Stunde um.
7. Apfelbutter aus dem Topf nehmen und in Behälter füllen. Bewahren Sie Ihre Apfelbutter zur sofortigen Verwendung im Kühlschrank auf oder frieren Sie sie ein.

Langsam geröstete Weideschweineschulter

von Amy Love, Real Food Whole Health

Zutaten

- 1 Weideschweineschulter, ca. 1,8–2,6 kg.
- Unraffiniertes Meersalz
- Frisch gemahlene schwarze oder gemischte Pfefferkörner
- Bio-Knoblauchpulver
- ½ Tasse Knochenbrühe oder Wasser, auf dem Herd erwärmt

Richtungen

1. Schweinefleisch von allen Seiten mit Salz, Pfeffer und Knoblauchpulver würzen. In den Slow Cooker geben. Warme Brühe (oder Wasser) hinzufügen und 1 Stunde lang auf höchster Stufe kochen. Die Hitze auf niedrig stellen und etwa 6–8 Stunden kochen lassen
2. Mischen Sie es mit einer Sauce Ihrer Wahl – wie unserer hausgemachten Orangen-Bourbon-Melasse-BBQ-Sauce – und servieren Sie es zusammen mit hausgemachtem Krautsalat (mit hausgemachter Mayo) oder frischem Gemüse Ihrer Wahl. Auch hervorragend für getreidefreie Honigbutter-Muffins geeignet.

Pulled Pork aus dem Slow Cooker

Zutaten

- 1 Zwiebel, geviertelt
- 3 - 3 ½ Pfund Schweineschulter oder Schweinelende (KEIN Filet)
- 2 Esslöffel Meersalz
- 4 Knoblauchzehen, gehackt
- 4 Esslöffel geräuchertes Paprikapulver
- 1 Esslöffel schwarzer Pfeffer
- 1/2 Teelöffel Cayennepfeffer
- 1 Teelöffel getrocknete Thymianblätter
- 1/3 Tasse Apfelessig oder Rotweinessig
- 1/2 Teelöffel Flüssigrauch ohne Zusatzstoffe (wie dieser)
- 1 Teelöffel Melasse
- 3/4 Tasse roher Honig
- 1 Esslöffel Pfeilwurzpulver (optional)
- 1 Esslöffel kaltes Wasser (optional)

Anweisungen

1. Streuen Sie die geviertelte Zwiebel auf den Boden eines Slow Cookers welcher Größe auch immer, in den Ihr Fleischstück am besten passt. Legen Sie das Schweinefleisch auf die Zwiebeln und lassen Sie die Fettschicht auf dem Boden.

2. In einer mittelgroßen Schüssel Salz und Knoblauch zerdrücken. Geräuchertes Paprikapulver, schwarzen Pfeffer, Cayennepfeffer und Thymian hinzufügen und gut verrühren.
3. Essig, Flüssigrauch und Melasse dazugeben und verrühren, bis alles gut vermischt ist. Fügen Sie den Honig hinzu und rühren Sie, bis er vollständig vermischt ist.
4. Gießen Sie die Paprika-Honig-Mischung über das Schweinefleisch, schaben Sie dabei die Schüssel aus, um den letzten Rest der rauchig-süßen Köstlichkeit herauszubekommen, und garen Sie es dann 8–9 Stunden lang auf niedriger Stufe oder 6–7 Stunden lang auf hoher Stufe, bis das Schweinefleisch zart ist und sich lösen lässt ganz einfach mit einer Gabel.
5. Aus dem Slow Cooker nehmen und mit zwei Gabeln zerkleinern.
6. Um den Bratensaft einzudicken (falls gewünscht), die gesamte Flüssigkeit aus dem Slow Cooker in einen Topf abseihen, dabei darauf achten, alle Feststoffe zu entfernen, und dann zum Kochen bringen. Das Pfeilwurzpulver im kalten Wasser auflösen und in die Soße einrühren. Zum Eindicken nur etwa eine Minute köcheln lassen.
7. Mischen Sie die Stücke mit Barbecue-Sauce oder dem eingedickten Bratenfett (falls gewünscht) und stapeln Sie sie auf Ihren Lieblings-Softbrötchen oder Ihrem Lieblings-Ciabatta-Brot.

Ziegencurry

Zutaten

- 2 Pfund Ziegenfleisch
- 2 rote Zwiebeln, gehackt
- 1,5-Zoll-Knopf frischer Ingwer, gehackt
- 3 Knoblauchzehen, gehackt
- 1 Lorbeerblatt
- 1 Esslöffel Ghee
- 4 Nelken (ganz)
- 2 Kardamomkapseln
- 1 Esslöffel Korianderpulver
- 1 Teelöffel Kreuzkümmelpulver
- 2 Teelöffel Salz (nach Geschmack anpassen)
- 1 Teelöffel Kurkumapulver
- 1 Teelöffel Kashmiri-Chilipulver (bei Verwendung von Cayennepfeffer etwas weniger verwenden)
- 1 Teelöffel Paprika
- 1-2 Serrano-Pfeffer, gehackt

Später hinzufügen

- 1 (28 Unzen) Dose gewürfelte Bio-Tomaten

- 1 Teelöffel Garam Masala, je nach Geschmack mehr hinzufügen
- ½ - 1 Tasse Wasser, je nachdem wie dick das Curry sein soll

Anweisungen

1. In einer Kaffeemühle Nelken und Kardamom fein mahlen.
2. Geben Sie alle aufgeführten Zutaten in den Topf, außer Tomaten, Wasser und Garam Masala (diese fügen Sie am Ende hinzu).
3. Auf hohe Stufe stellen und 4 Stunden kochen lassen – dabei etwa jede Stunde das Curry umrühren.
4. Nach vier Stunden Tomaten, Garam Masala und Wasser hinzufügen. Eine weitere Stunde auf höchster Stufe garen, bis das Fleisch zart ist.

Traditionelles Corned Beef

Zutaten

- 1 3 Pfund Rinderbrust, grasgefüttert
- 1 Tasse unraffiniertes grobes Meersalz
- 1/4 Tasse unraffinierter Rohrzucker
- Einlegegewürz
- 5 Knoblauchzehen, gehackt
- 2 Tassen Molke- oder Sauerkrautlake
- 2 Tassen Selleriesaft

Gewürze einlegen

- 3 Lorbeerblätter
- 1 Stange Zimt, in Stücke gebrochen
- 2 Esslöffel Senfkörner
- 2 Esslöffel ganze Koriandersamen
- 2 Esslöffel ganze schwarze Pfefferkörner
- 1 Esslöffel ganze Kardamomkapseln (optional)
- 1 Esslöffel Wacholderbeeren
- 4 Nelken

Methode

1. Spülen Sie das Bruststück ab und tupfen Sie es trocken. Wenn Sie Zeit haben, frieren Sie es 14 Tage lang in einem Tiefkühlschrank ein und tauen Sie es dann vollständig im Kühlschrank auf. Andernfalls fahren Sie wie gewohnt mit dem Rezept fort, fügen jedoch am Ende eine Garzeit hinzu.
2. Wenn das Fleisch vollständig aufgetaut ist, vermischen Sie Salz, Zucker, Gewürze und Knoblauch in einer kleinen Schüssel und zerkleinern Sie die größeren Stücke mit der Rückseite eines Löffels (oder verwenden Sie Mörser und Stößel, um es einfacher zu machen). Reiben Sie so viel wie möglich von der Mischung in das Fleisch ein und massieren Sie es bei Bedarf ein.
3. Legen Sie das Bruststück in einen Glasbehälter oder ein Glas mit dicht schließendem Deckel. Gießen Sie die Molke und den Selleriesaft über das Bruststück, zusammen mit der beiseite gefallenen Salzmischung. Wenn die Salzlake das Bruststück nicht vollständig bedeckt, fügen Sie so viel gefiltertes Wasser hinzu, dass es bedeckt ist. Beschweren Sie es bei Bedarf mit einem Teller oder einem mit Wasser gefüllten Glas.
4. Setzen Sie den Deckel auf den Behälter und stellen Sie das Bruststück in den Kühlschrank. Lassen Sie es 5–10 Tage lang aushärten (rechnen Sie mit mindestens zwei Tagen pro Pfund), wenden Sie dabei einmal täglich und achten Sie darauf, dass das Fleisch jederzeit mit Salzlake bedeckt ist. Bei Bedarf gefiltertes Wasser hinzufügen.
5. Sobald das Fleisch gepökelt ist, schwenken Sie die Salzlake um und spülen Sie das Fleisch ab, um den Salzgehalt zu reduzieren. Wenn Sie das Fleisch ursprünglich eingefroren haben, können Sie es jetzt roh in der Art und Weise verzehren, wie Sie Ihr Corned Beef am liebsten mögen: Reuben-Sandwiches, Crock Pot Corned Beef und Kohl, New

English Boiled Dinner, Corned Beef Hash, Corned Beef und Kartoffeln.

Rehhalsbraten im Slowcooker

Zutaten

- • Ein 2–4 Pfund schwerer Hirschhalsbraten
- • 1-Pfund-Beutel Babykarotten
- • 1 8-Unzen-Packung Pilze
- • 1 Zimtstange
- • 1 Zwiebel, gehackt
- • 3 Selleriestangen, gehackt
- • 2 Tassen Rotwein oder Rinderbrühe (Wein sorgt wirklich für einen reichhaltigen Geschmack)
- • Salz und Pfeffer nach Geschmack

Anweisungen

1. Geben Sie alles 8 Stunden lang in einen Topf auf höchster Stufe. Immer sachte.

Slow Cooker-Kürbis- und Rindfleisch-Masala

- 1 Pfund Hackfleisch
- Speiseöl
- 2 Teelöffel gemahlener Kreuzkümmel
- 2 Teelöffel gemahlener Koriander
- 1 1/2 Tassen gehackte Zwiebel
- 1 1/4 Tassen gehackte Mangoldstiele
- 3 Tassen gehackter Patty-Pan-Kürbis
- 3 gehackte Knoblauchzehen (oder getrocknetes Äquivalent, wenn Sie bereits alles geröstet haben)
- 2-3 Teelöffel koscheres Salz (3 scheinen viel zu sein, also habe ich 2 1/2 genommen)
- 2 Teelöffel Ingwerpaste
- 2 Esslöffel Penzey's Balti-Gewürz
- 1 Esslöffel Rogan Josh-Gewürz
- 1 qt zerdrückte Tomaten (oder eine 28-Unzen-Dose)
- 1 Esslöffel Zucker
- 1 1/2 Tassen Sahne
- 1 Esslöffel Maisstärke
- Heiß gekochter Basmatireis zum Servieren

Anweisungen

1. In einer großen Pfanne einen Spritzer Speiseöl bei mittlerer Hitze erhitzen.
2. Rinderhackfleisch anbraten, abtropfen lassen und Kreuzkümmel und Koriander unterrühren.
3. Erhitzen Sie es, bis es duftet, und geben Sie das Fleisch dann in einen Schmortopf (mindestens 3 Liter, aber Sie brauchen keinen dieser riesigen).
4. Geben Sie in derselben Pfanne einen weiteren Spritzer Öl hinzu und braten Sie die Zwiebeln, die Mangoldstiele und den Kürbis bei mittlerer Hitze an, bis sie anfangen, weich zu werden, bei meiner überfüllten Pfanne etwa 5–8 Minuten.
5. Knoblauch, Salz, Ingwer und Gewürze hinzufügen und weiter anbraten, bis es duftet. Tomaten und Zucker unterrühren. Bei mittlerer Hitze zum Kochen bringen und dann im Slow Cooker über das Fleisch gießen. Rühren Sie den Slow Cooker um, decken Sie ihn dann ab, schließen Sie ihn an das Stromnetz an und schalten Sie ihn für 4–5 Stunden auf niedriger Stufe ein.
6. Etwa 15 Minuten vor dem Servieren Maisstärke und Sahne in einer kleinen Schüssel verrühren. Gießen Sie es in den Slow Cooker, rühren Sie um, decken Sie es ab und erhitzen Sie es, bis es zu sprudeln beginnt. Über heißem gekochtem Reis servieren. Das lässt sich wunderbar aufwärmen.

Würziger indischer Rinderbraten aus dem Slow Cooker

Zutaten

- 2 rote Zwiebeln, gehackt
- 2 EL Kokosöl
- 1 TL schwarze Senfkörner
- 1 TL feines Meersalz
- 2,5 Pfund grasgefütterter Rinderbraten (Chuck Blade)
- 25 Curryblätter
- 2 EL Zitronensaft
- 2 EL Knoblauch, gehackt oder gerieben
- 1,5 Zoll Ingwer, gehackt oder gerieben
- 1 Serrano-Pfeffer, gehackt
- 1 EL Fleisch-Masala
- 1 EL Korianderpulver
- 2 TL Kashmiri-Chilipulver
- 1 TL Kurkumapulver
- ½ TL frisch gemahlene schwarze Pfefferkörner
- ¼ Tasse Kokosnussscheiben oder Kokosflocken

Anweisungen

1. In einen Schmortopf die roten Zwiebeln, das Kokosöl, die Senfkörner und das Salz geben.
2. 1 Stunde lang auf höchster Stufe kochen, während Sie die restlichen Zutaten zubereiten.
3. Die restlichen Zutaten bis auf die Kokosnussscheiben/-flocken hinzufügen.
4. 3 Stunden lang auf höchster Stufe kochen.
5. Das Fleisch zerkleinern und die Kokosnussscheiben/-flocken hinzufügen.
6. 1 Stunde lang auf höchster Stufe kochen und dann servieren.

Hausgemachte Crock Pot Marinara-Sauce

Zutaten

- Eine Rezension schreibenRezept speichernDrucken
- Zutaten
- 8 Tassen zerdrückte Tomaten oder 2 (28 oz.) Dosen zerdrückte Tomaten
- 1 (6 oz.) Dose Tomatenmark
- 1 mittelgroße Zwiebel, grob gehackt
- 2-4 Knoblauchzehen, fein gehackt
- 2 ganze Lorbeerblätter
- 1 Esslöffel getrocknetes Basilikum
- ½ Esslöffel getrockneter Oregano
- 1 Esslöffel brauner Zucker
- 1 Esslöffel Balsamico-Essig
- 1 Teelöffel Salz, falls gewünscht
- frisch gemahlener Pfeffer

Anweisungen

1. Geben Sie alle Zutaten in den Slow Cooker.
2. Zum Kombinieren gut umrühren.
3. Befestigen Sie den Deckel Ihres Slow Cookers und kochen Sie ihn 8 Stunden lang auf niedriger Stufe oder sechs Stunden lang auf hoher Stufe. Die Soße verrühren und die Lorbeerblätter entfernen.

4. Probieren Sie die Gewürze aus und fügen Sie je nach Wunsch mehr Salz und etwas frisch gemahlenen Pfeffer hinzu.

Slow Cooker BBQ Chicken

Zutaten

- 1 Tasse Melasse
- 1 Tasse scharfe BBQ-Sauce
- ½ Tasse Bio-Tamari
- ½ Tasse Honig
- 2 TL gehackter Knoblauch
- ½ Zwiebel, gewürfelt
- 2 TL Paprika
- 11-13 Hähnchenkeulen (Hähnchenschenkel gehen auch gut)

Anweisungen

1. Legen Sie das Hähnchen auf den Boden eines großen Schmortopfs.
2. Die restlichen Zutaten darüber gießen und 6 Stunden lang auf höchster Stufe kochen lassen.
3. Das ist alles, ganz einfach; und Ihre Gäste und Familien werden es lieben!

Buffalo Chicken Makkaroni und Käse

Zutaten

- 1 (12oz) Dose Kondensmilch
- 1 Tasse Milch (fettfrei funktioniert gut)
- ½ Tasse scharfe Soße nach Büffelart (z. B. Frank's)
- ¼ Teelöffel Knoblauchpulver
- Salz und Pfeffer nach Geschmack
- 3 Tassen geriebener Käse (z. B. weißer Cheddar, Cheddar oder Ihr Lieblingsschmelzkäse)
- 1 Tasse fein gehacktes Gemüse (z. B. Sellerie, Karotten und/oder Zwiebeln)
- 1 Pfund vorgekochtes Hähnchen, fein gehackt
- ½ Pfund kleine ungekochte Nudeln (z. B. Barilla's Pipettes) •siehe Tipps unten
- Garnitur (optional): gehackte Karotten, Zwiebeln, Sellerie; zerbröckelter Blauschimmelkäse; und/oder geriebener Käse

Anweisungen

1. Kondensmilch, Milch, scharfe Soße, Knoblauchpulver sowie Salz und Pfeffer im Slow Cooker vermischen, bis alles gut vermischt ist. Käse, Gemüse, Hühnchen und ungekochte Nudeln unterrühren, bis alles gut vermischt ist.

2. Decken Sie den Slow Cooker ab und kochen Sie ihn etwa 1 Stunde lang auf niedriger Stufe. Nehmen Sie schnell den Deckel ab, rühren Sie um, decken Sie ihn wieder ab und kochen Sie weitere 30–60 Minuten oder bis die Nudeln weich sind.
3. Nach Wunsch mit gehacktem Gemüse, Blauschimmelkäse und/oder geriebenem Käse garnieren.

Slow Cooker Rinderhaxen mit Knoblauch und Kräutern

Zutaten

- Ghee, Butter oder Kokosöl zum Braten
- Meersalz und frisch gemahlener schwarzer Pfeffer
- 5 Pfund Rinderhaxen (ca. 56 Haxen)
- 1 große süße Zwiebel, gewürfelt
- 810 große Knoblauchzehen, ohne Schale, aber ganz belassen
- ½ Teelöffel Meersalz
- 2 Tassen hausgemachte Brühe
- 2 Esslöffel Tomatenmark
- 45 Sardellen, gehackt
- 8 Zweige frischer Thymian
- 1 Zweig frischer Rosmarin
- Gehackter Schnittlauch und Petersilie zum Garnieren, optional

Anweisungen

1. In einer großen Bratpfanne bei mittlerer Hitze so viel Fett Ihrer Wahl schmelzen, dass der Pfannenboden bedeckt ist.
2. Die Haxen auf beiden Seiten mit Meersalz und frisch gemahlenem schwarzem Pfeffer würzen.
3. Legen Sie zwei bis drei Haxen in die Pfanne und braten Sie sie auf beiden Seiten etwa 45 Minuten pro Seite an. Wiederholen
4. Mit den restlichen Haxen vermischen und bei Bedarf mehr Fett in die Pfanne geben.

5. Legen Sie die gebräunten Haxen in den Slow Cooker.
6. Geben Sie in die gleiche Bratpfanne bei Bedarf etwas mehr Fett, sodass der Pfannenboden bedeckt ist, und fügen Sie die gewürfelten Zwiebeln hinzu.
7. Knoblauch und ½ Teelöffel Meersalz hinzufügen und anbraten, bis die Zwiebeln glasig und die Knoblauchzehen leicht glasig sind
8. gebräunt, ca. 5 Minuten.
9. Legen Sie die Zwiebeln und den Knoblauch über die Haxen in den Slow Cooker.
10. Stellen Sie die Bratpfanne wieder auf den Herd und geben Sie die Brühe, das Tomatenmark und die Sardellen hinzu und rühren Sie mit einem Holzlöffel um
11. um etwaige gebräunte Stücke vom Boden der Pfanne zu lösen.
12. Schalten Sie den Herd aus und geben Sie die Brühe in den Slow Cooker.
13. Binden Sie Thymian und Rosmarin mit etwas Küchengarn zu einem Bündel zusammen und legen Sie es eingebettet in den Slow Cooker
14. unter dem Lager.
15. Stellen Sie Ihren Slow Cooker auf die niedrigste Stufe und lassen Sie die Haxen etwa 8 Stunden lang garen.
16. Vor dem Servieren das Kräuterbündel entfernen. Die Blätter sind von den Stielen gefallen und verleihen der Soße Geschmack.
17. Wenn Sie es sofort servieren, versuchen Sie, etwas Fett abzuschöpfen und bei Bedarf mit zusätzlichem Salz und Pfeffer zu würzen.
18. Teller mit der Seite Ihrer Wahl. Wir lieben dieses Gericht mit Blumenkohlpüree und gehacktem Schnittlauch und Petersilie
19. garnieren.

20. Ich bereite die Haxen gerne am Wochenende zu und stelle dann meinen Slow Cooker-Einsatz in den Kühlschrank. Das Fett
21. steigt an die Oberfläche, härtet aus und lässt sich leichter entfernen. Anschließend lasse ich die Einlage ein bis zwei Stunden ruhen
22. Bevor Sie es vor dem Servieren mehrere Stunden lang in den Slow Cooker stellen, erwärmen Sie es.
23. Rezept von Delicious Obsessions bei

Slow-Cooker Honig-Senf-Drumsticks

Zutaten

- 10 Hähnchenkeulen (jede Art Hähnchen eignet sich, z. B. Hähnchenbrust)
- 4 EL Dijon-Senf
- 3 T Schatz
- 1/2 TL Knoblauchpulver
- 1/2 TL Zwiebelpulver
- 1 T Wasser

Anweisungen

1. Alle Saucenzutaten vermischen.
2. Hähnchen in den Slow-Cooker geben und mit Soße bestreichen.
3. 3–4 Stunden lang auf höchster Stufe kochen (wird nach 3 Stunden fertig, aber wann immer Sie es ausschalten können).
4. Warm über Reis servieren.

Sarson ka Saag (Slow Cooker)

Zutaten

- 2 Esslöffel grasgefüttertes Ghee
- 1 rote Zwiebel, fein gehackt
- 2-Zoll-Knopf-Ingwer, gehackt
- 2 gehäufte Esslöffel oder 7 Knoblauchzehen, gehackt (ich habe meine Knoblauchpresse verwendet)
- 1-2 Serrano-Paprikaschoten, gehackt (entfernen Sie die Kerne/die Rippe, wenn Sie es nicht scharf mögen!)
- 2 Teelöffel Salz, je nach Geschmack anpassen
- 1 Teelöffel Korianderpulver
- 1 Teelöffel Kreuzkümmelpulver
- ½ Teelöffel Kurkumapulver
- ½ Teelöffel Kashmiri-Chilipulver (oder etwas weniger bei Verwendung von Cayennepfeffer)
- ½ Teelöffel frisch gemahlener schwarzer Pfeffer
- 1 Pfund (16 Unzen) frischer Babyspinat (großer Behälter), abgespült
- 1 Pfund (16 Unzen) gehackte Senfblätter (Strunk entfernt), abgespült
- später hinzufügen:
- 1 Esslöffel grasgefüttertes Ghee
- 1 Teelöffel Garam Masala
- Eine Prise Kasoori Methi (auch bekannt als Bockshornkleeblätter)
- grasgefüttertes Ghee

Anweisungen

1. Geben Sie 2 Esslöffel Ghee, Zwiebeln, Ingwer, Knoblauch, Serrano-Pfeffer und Gewürze in Ihren Topf. 1 Stunde auf höchste Stufe stellen.
2. Nehmen Sie sich während des Kochens einen sehr großen Topf. Den Senf und die Spinatblätter in den großen Topf geben – dann mit Wasser auffüllen.
3. Den Topf zum Kochen bringen und 5 Minuten kochen lassen. Blätter abtropfen lassen und abkühlen lassen.
4. Nach dem Abkühlen die Blätter in einen Mixer geben und bis zur gewünschten Konsistenz mixen (bei Bedarf etwas Wasser hinzufügen, um das Mixen zu erleichtern).
5. Geben Sie die gemischten Blätter in Ihren Schmortopf, reduzieren Sie die Hitze auf eine niedrige Stufe, setzen Sie den Deckel auf und kochen Sie das Ganze zwei Stunden lang.
6. Nach 2 Stunden 1 Esslöffel Ghee, Garam Masala und eine Prise Kasoori-/Bockshornkleeblätter hinzufügen. Gut vermischen und eine weitere Stunde auf niedriger Stufe kochen lassen.
7. Servieren Sie diesen Saag mit einem gehäuften Löffel Ghee darüber!

South of the Border Chicken Corn Chowder-Freezer-Rezept

Autor: K Milliron

Zutaten

- 1 Pfund Hähnchenbrust oder -schenkel, ohne Knochen
- 1 Tasse Zwiebel, gehackt
- ½ Tasse grüner Pfeffer, gehackt
- 1 Tasse gefrorener Bio-Mais (für getreidefreien weglassen)
- 3-4 Knoblauchzehen, gehackt
- 1 Dose grüne Chilis
- 1 TL Kreuzkümmel
- 1 TL Chilipulver
- 1 TL unraffiniertes Meersalz
- 2 Tassen hausgemachte Salsa oder 16-Unzen-Glas, Bio
- 1 Dose gewürfelte Tomaten, Bio, ohne Salzzusatz
- 1½ Tassen hausgemachte Hühnerbrühe
- 1 Tasse Sahne
- 1 Tasse Cheddar-Käse, gerieben

Anweisungen

1. Alle Zutaten außer Brühe, Sahne und Käse in einen Gefrierbeutel geben.
2. Bis zur Verwendung einfrieren.
3. Wenn Sie es verwenden möchten, geben Sie den Inhalt des Gefrierbeutels in den Slow Cooker.
4. Die Brühe hinzufügen.
5. 6–7 Stunden auf niedriger Stufe garen
6. Am Ende des Garvorgangs Sahne und Cheddar-Käse hinzufügen.

Kurze Rippchen mit Knoblauch und Zitrusfrüchten aus dem Slow Cooker mit „Faux"-Ttuccine-Nudeln

Autor: Happy Healthnut

Zutaten

- 3 Pfund kurze Rippchen vom grasgefütterten Rind
- 1 große Zwiebel, gewürfelt
- 1 Kopf (ja Kopf) Knoblauch, geschält und gehackt
- 2 Pfund Karotten, geschält und in große Stücke geschnitten
- 2 Orangen, Schale und Saft
- 2 EL getrocknete Kräuter der Provence
- 2 Lorbeerblätter
- ½ Tasse Rinderbrühe
- 4 große Zucchini
- Meersalz und Pfeffer

Anweisungen

1. Geben Sie die gewürfelte Zwiebel, den gehackten Knoblauch, die Karotten, den Orangensaft und die Schale sowie die Rinderbrühe auf den Boden Ihres Slow Cookers. Mit Salz und Pfeffer würzen und umrühren.

2. Die kurzen Rippchen großzügig mit Meersalz und Pfeffer würzen. Streuen Sie die Kräuter der Provence auf die kurzen Rippen und reiben Sie sie ein.
3. Legen Sie die kurzen Rippchen in den Slow-Cooker.
4. Den Deckel auflegen und 4–5 Stunden auf hoher Stufe oder 7–8 Stunden auf niedriger Stufe garen.
5. Wenn die Short Ribs zart sind (vom Knochen abfallen), nehmen Sie die Short Ribs, die Karotten und die Lorbeerblätter aus dem Slow Cooker. Lassen Sie es lange genug abkühlen, damit Sie die kurzen Rippen verarbeiten können.
6. Verwenden Sie in der Zwischenzeit einen Gemüseschäler oder einen Spiralschneider, um Ihre „Faux"-Ttuccine-Nudeln zuzubereiten. Ich nehme gerne die grünen Schalen von den Zucchini ab, weil sie roh etwas bitter sind. Machen Sie einfach lange Streifen mit einem handelsüblichen Gemüseschäler, indem Sie die Zucchini der Länge nach schälen, bis Sie die kernige Mitte erreichen.
7. Die Nudeln in eine Schüssel geben und großzügig mit Meersalz würzen. Lassen Sie sie etwa 15 Minuten ruhen, damit sie weich werden.
8. Während die Zucchini weich wird, die kurzen Rippen in große Stücke zerteilen und aufbewahren.
9. Was Sie jetzt im Slow Cooker übrig haben, ist eine leckere Zwiebel-Knoblauch-Zitrus-Brühe. Nehmen Sie einen Stabmixer (diesen verwende ich) und mixen Sie, bis alles püriert ist. Sie können dies auch in einem Mixer tun. Das ist deine Soße!
10. Zum Servieren die Zucchininudeln mit dem Rindfleisch und den Karotten auf den Teller legen. Geben Sie eine großzügige Menge Soße darüber, besonders auf die Nudeln, da die scharfe Soße die Nudeln erwärmt, da sie noch nicht gekocht sind. Genießen!

www.ingramcontent.com/pod-product-compliance
Lightning Source LLC
Chambersburg PA
CBHW071835110526
44591CB00011B/1333